قالی‌شویان

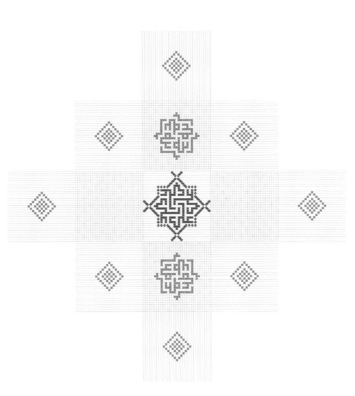

あいねイラン……1

ガーリーシューヤーン

マシュハデ・アルダハールにおける象徴的絨毯洗いの祭礼

アリー・ボルークバーシー　著

本多由美子　訳

PAO　CORPORATION

目次

قالی شویان

مناسک نمادین قالی شویی در مشهد اردهال

علی بلوکباشی

تهران، دفتر پژوهشهای فرهنگی، ۱۳۷۹

چاپ سوم، زمستان ۱۳۸۰

凡例

◇地名・人名などの固有名詞・術語は、原則として、現代ペルシア語の発音に準拠したカタカナ表記にしました。慣用表現と異なる表記になった語句に関しては、訳注で、あるいは語句の後に〔 〕をつけて補うようにしました。
◇年代表示は原則として原著に従い、適宜、西暦を補いました。
◇翻訳による補足は〔 〕に入れ、書籍等の名称には『 』を、引用や訳にあたっての強調には「 」を付しました。また、（ ）［ ］は原著者によるものです。
◇原著にある頌詞の略記「ع」「س」は省略しました。
◇日本語翻訳版オリジナルとして、巻末に索引を付しました。
◇写真の撮影年・出所は巻末に記しています。

マシュハデ・アルダハール周辺

第 1 章

聖地アルダハール

اردهال سرزمین مقدس

マシュハデ・アルダハール

地理

アルダハール、またはマシュハデ・アルダハールとは、デリージャーン県ナラーグ市にある村の名である。[※訳注1] デリージャーン県はイランのマルキャズィー州にある県のひとつで、アルダハール村はガムサルの北西、カーシャーンの西49km、ゴムの南42km、デリージャーンからカーシャーンに向かう街道沿いに位置する。

アルダハール[※訳注2]は、北西から南東にのびる谷あいの平原に開けた村である。谷は長さ約16km、幅3、4km、平原は四方を大小の山や丘に取り囲まれている。村では、平原を流れる川やいくつかのガナート、[※訳注3] 点在する湧水などによる灌漑が行われている。平原の流れは、村の下流数kmのところでバルズーク川に注ぐが、ガナートや湧水の多くが、今日では引き続く旱魃のため水位の低下や枯渇に見舞われている。

アルダハール村には、ハーヴェ、コラジャール、ギヤースアーバード、ジューシャ

※訳注1／イランの地方行政区分……現在の行政区分は、上位区分から州 ostān、県 shahrestān、郡 bakhsh。郡の下位区分として市 shahr と村 dehestān があり、村の中に集落 rūstā がある。

※訳注2／アルダハールの位置……現在のカーシャーン市街中心部から直線距離で西に約37km、ゴム市街からは南に約70kmの位置にある。

※訳注3／ガナート……西アジア、北アフリカなどの乾燥地帯にみられる伝統的地下用水路。イランでは、カーレーズとよぶ地方が多い。アラビア語でカナート。

グ、ケルメ、ラーラーン、リージャーンの七つの集落※訳注4がある。村の人口は、イラン太陽暦1365年（西暦1986年）の国勢調査では3,551人、1375年（西暦1996年）のマルキャズィー州統計では2,886人であった。

山間部にあるアルダハールの冬は非常に厳しいが、夏は周辺の町よりも涼しく、比較的過ごしやすいため、村はフィーン地区をはじめとするカーシャーンの人々の避暑地になっている。

アルダハールでは、住民の多くが農業や果樹園の仕事に携わっている。主要な農産物は大麦と小麦で、夏にはスイカやキュウリも収穫される。アルダハールの果物は、クルミ、アンズ、アーモンド、ゲイスィー※訳注5など寒冷地のものである。モハンマドタギー・ベイク・アルバーブは『信仰の府ゴムの歴史』で、アルダハールの爽やかな気候と、ジューザク（クルミ）など夏営地※訳注6の果物について触れるとともに、マシュハデ・アルダハールの人々はみな預言者の末裔※訳注7だと述べている（『信仰の府ゴムの歴史』110頁）。最も重要な手工芸は絨毯織である。アルダハール絨毯は非常に有名で、「洗うほどに新しくなる」といわれている。

※訳注4／アルダハール村の集落……現在行政単位としてアルダハール村という名称はなく、7つの集落のうちギャースアーバードを除く6つの集落はデリージャーン県マルキャズィー郡ジューシャグ村に属している（178頁補遺、第7章訳注14を参照）。

※訳注5／ゲイスィー……アンズの一種

※訳注6／夏営地……牧畜を生業とする人々が夏季に過ごす土地。厳しい夏の暑さを避けて、冷涼な土地へと移動する。

※訳注7／預言者の末裔……ペルシア語でセイエド。アラビア語でサイイド。預言者モハンマドの子孫。

イランにおけるマシュハデ・アルダハールの位置

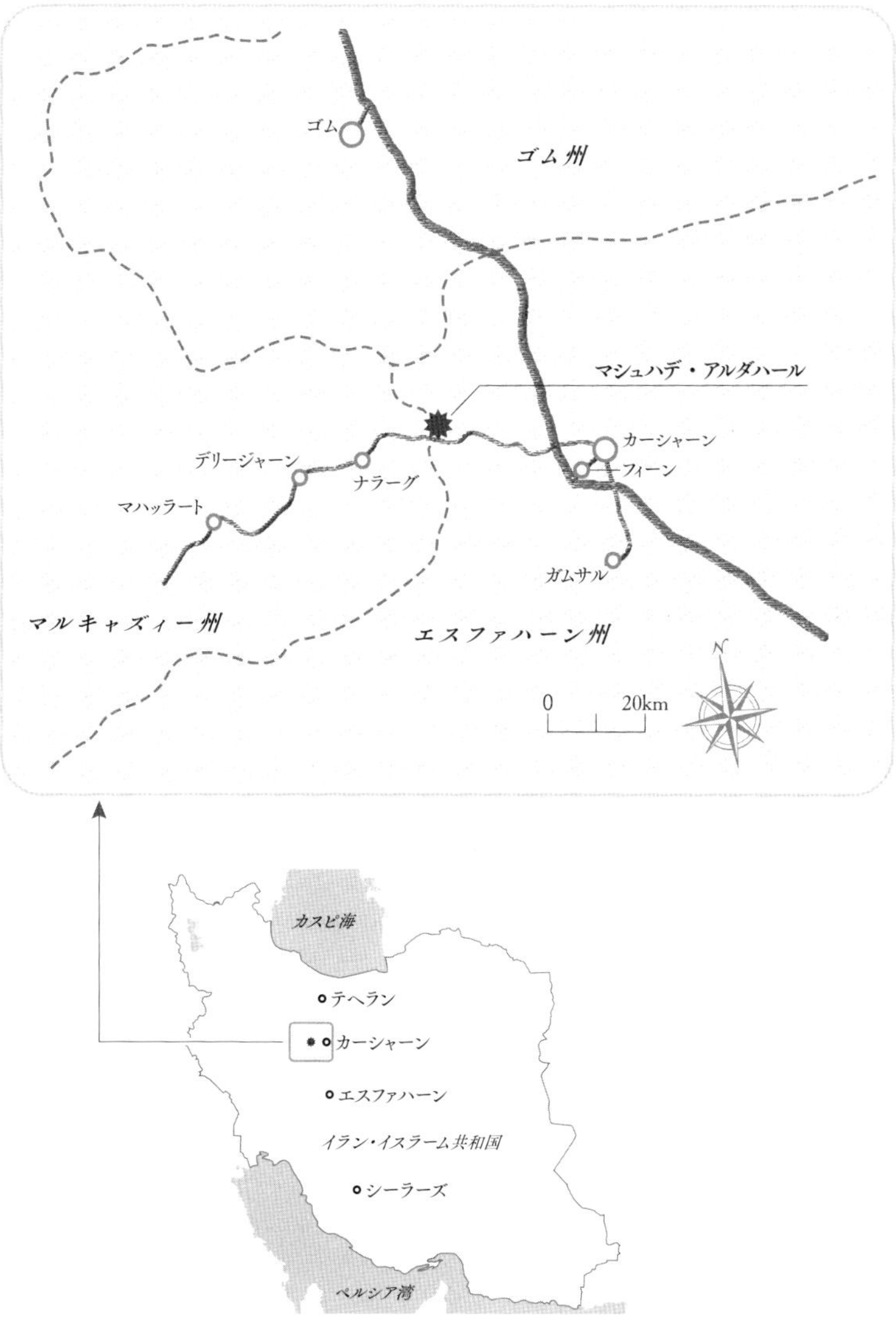

マシュハデ・アルダハール主要部

※（　）内は集落の現在の名称

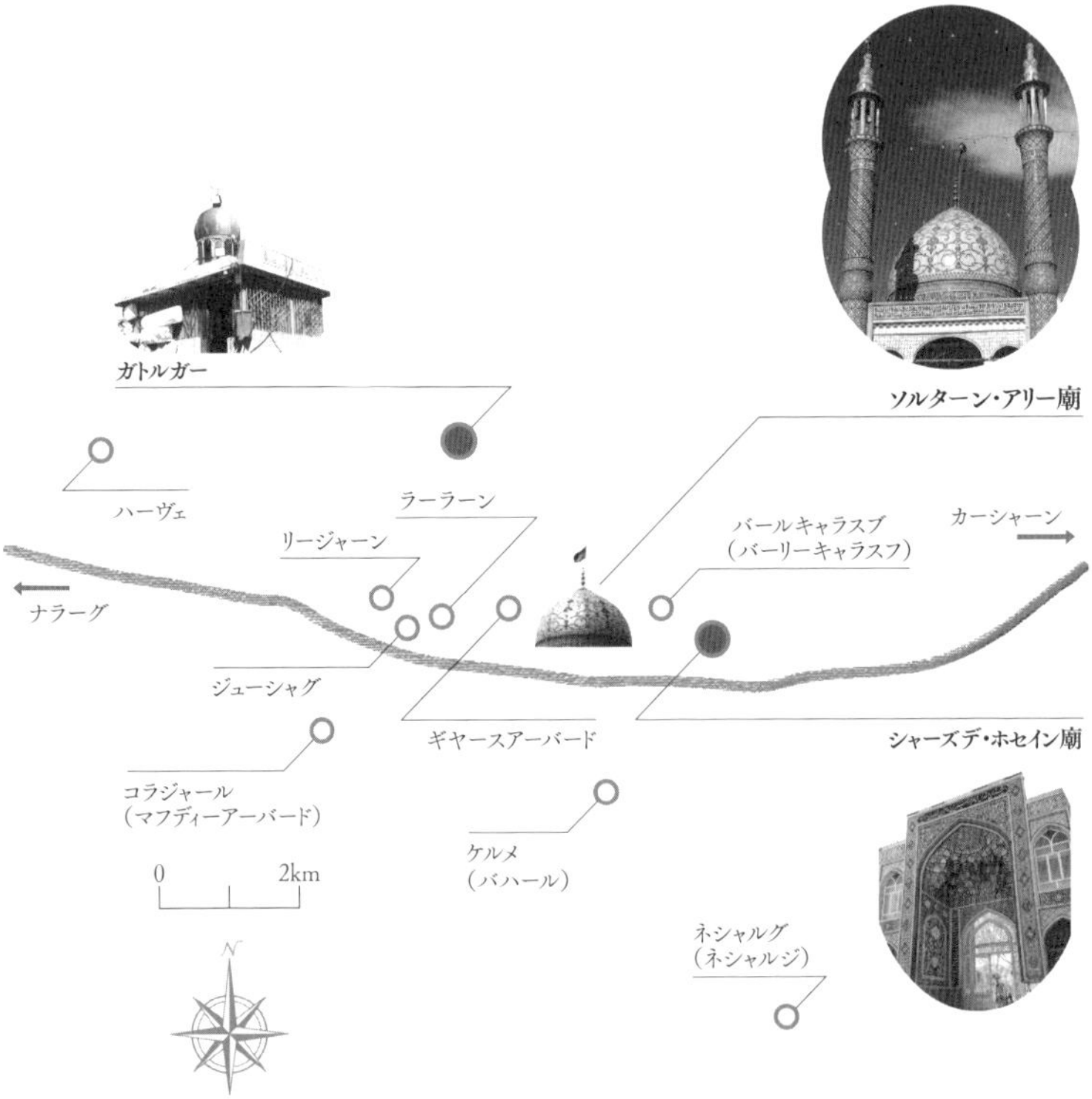

聖なる土地

この地方の人々はアルダハールを聖地だと考えている。折り重なって周囲に聳える山々の清らかさや神々しさが、その聖性を生み出している。かつて、山々の頂には祈祷所や拝火殿※訳注8があり、イスラームの信仰以前から人々が集まって、祈願祈祷をしていた。今でもその一部がアルダハールの山中に残されている。おそらくこの山中の祈祷所ゆえに、一帯の山々は、聖なる山や山脈を意味する「アルダハール（ardahār または ardahāl）」とよばれたのだろう。アルダハールは、清らかさや神聖さを意味する「アルダ arda」（アルダシールやアルダラーンなどの名前でもこの意味で使われている）と、山や山脈を意味する「ハール hār」（「ハル har」の母音 a が ā に変化）の二つの語が合わさったものだ（haraborz = alborz アルボルズは高い山の意）。

1000年ほど前、『ゴムの歴史』（ヘジュラ太陰暦4世紀〔西暦10～11世紀初め〕アラビア語で編纂され、805～806年〔西暦1402～03年〕ペルシア語に翻訳）の著者ハサン・エブネ・モハンマド・ゴミーは、ハディースの徒※訳注9によってアル

※訳注8／拝火殿……イスラーム以前のイランで広く信仰されたゾロアスター教（拝火教）の神殿。開祖ゾロアスターが点火したとされる火が絶えることなく燃え続ける場所で、信徒はその火に向かって祈りを捧げる。

※訳注9／ハディースの徒……シーア派においては、信仰上の問題に関して、預言者モハンマドと歴代エマームの言説に全面的に従う者たちの意。

牛２頭と鋤で畑を耕すアルダハールの農民

ダハールはよき土地だと語り伝えられるとして、ゴムの人々に対しアルダハールと共にあり、アルダハールをよりどころとするよう勧めている。ゴミーは、信徒たちの長アリー※訳注10がラクダの戦い※訳注11の後バスラを離れてからの説法で語った、アルダハール山地の重要性を指摘している。つまり、アリーはこの説法で、ゴムで戦いが起こることを予見し、「戦いではゴムの人々が大勢命を落とすだろう。多くの女性や子どもが奴隷となり、家々は略奪され建物は破壊され、ゴムの人々はヴァレ・アルダハールとよばれる山に逃れるだろう」と語っている（『ゴムの歴史』99～100頁）。

『ゴムの歴史』には何度か「ヴァレ・アルダハール」という言葉が使われているが、これはゴム地方にある村の名前で、17の集落があり（『ゴムの歴史』58頁）、よい土地（同書97頁）であるという。「ヴァル var」はパフラヴィー語※訳注12で「海、湖」と「城砦、城壁」の二つの意味をもち、〔現代〕ペルシア語では「側、方向」という意味である。歴史書や地誌によると、ゴムからカーシャーン、そしてヤズド周辺にまで広がる大塩漠地帯にも、かつてはいくつかの湖があったが、少雨のため次第に干上がって小さくなり、現在の水も草もない塩の荒野が形成されたのである。

アルダハールにはシーア派エマームの子孫《エマームザーデ》の聖墓がいくつか存在し、信仰の地ゴムと精神的な結びつきがあることから、イスラーム時代になっても人々はこの

※訳注10／信徒たちの長アリー……西暦?～661年。預言者モハンマドの従弟で娘婿。シーア派初代エマーム（アラビア語でイマーム）。

※訳注11／ラクダの戦い……西暦656年、アリーに反旗を翻した預言者の寡婦アーイシャら連合軍との戦い。アーイシャがラクダの背に乗せた輿で出陣したため、この名でよばれる。

※訳注12／パフラヴィー語……西暦3～7世紀頃サーサーン朝で使用された。中期（中世）ペルシア語。

地を聖地と見なしてきた。アルダハールの神聖さや清らかさについての記述は、歴史的・宗教的な語り伝えの中に、時折ゴムの描写とともに表れる。アブドッラヒーム・キャラーンタル・ザッラービーは『カーシャーンの歴史』に書いている。「ゴム地方、特にアルダハールに関する記述には、様々な情報が含まれている。この地はゴムに属する七つの集落からなり、集落それぞれが偉大なるエマームの子孫《エマームザーデ》たちの廟や墓なのだ」(『カーシャーンの歴史』9頁)。

絨毯の殉教地

アルダハールは〔シーア派第5代〕エマーム、モハンマド・バーゲルの子ソルターン※訳注13・アリーの殉教地であるため、「マシュハデ・ソルターン・アリー〔ソルターン・アリーの殉教地〕」または「マシュハデ・アルダハール〔殉教地アルダハール〕」とよばれた。また、ソルターン・アリーの亡骸を乗せた絨毯を亡骸の代わりに洗い浄めた※訳注14ことにちなんで「マシュハデ・ガーリー〔絨毯の殉教地〕」「マシュハデ・ガーリーシューールーン(ガーリーシューヤーン)〔絨毯洗いの殉教地〕」などとも

※訳注13/ソルターン……アラビア語では、スルターン、トルコ語ではスルタン。西暦11世紀以降、スンナ派世界の政治権力者や君主に与えられた称号で、ガズナ朝のマフムードが最初に称したとされる。時代が下ると、より広い意味で用いられるようになる。例えば、何らかの分野で並外れた才能や力量を有する者をソルターンと称した。ここではほぼこの意味で用いられている。

※訳注14/絨毯を〜洗い浄めた……イスラームでは、礼拝の前に身体の一部を水で洗うヴォズゥ(小浄)とよばれる浄めの行為のほかに、全身を洗い浄めるゴスル(大浄)が定められている。イスラームの教義により義務付けられているゴスルには、性交による穢れのためのゴスル、女性の生理による穢れのためのゴスル、

よばれる。

ソルターン・アリーの墓がある場所は、かつては「マシュハデ・アルダハール」という名では認識されていなかった。アブドルジャリール・ガズヴィーニーの『反駁の書』やラーヴァンディーの『詩集』などへジュラ太陰暦6世紀〔西暦12~13世紀初め〕の書物によれば、墓はバールキャラスブ、つまり〔現在の〕バーリーキャラスフ集落にあるとされ、「マシュハデ・バールキャラスブ〔殉教地バールキャラスブ〕」や「マシュハデ・エマームザーデ・アリー〔エマームの子アリーの殉教地〕」という名で知られていた。ガズヴィーニーは述べている。「モハンマド・バーゲルの子アリー殉教地の建物は、マジドッディーンが「そこに〔作るように〕」と命じたバールキャラズ（バールキャラスブ）にあり、美しく飾られ、設備が整えられ、光に満ちていた」（『反駁の書』198~199頁）。ラーヴァンディーはその『詩集』に収められた複数の頌詩の中で4回、「マシュハデ・バールキャラスブ」と「マシュハデ・エマームザーデ・アリー」の名を挙げている（245頁）。

バールキャラスブ※訳注15はこの地域で最も古い集落の一つで、現在カーシャーン県ニヤーサル村に属している。殉教地《マシュハデ》アルダハール、すなわちソルターン・アリーの墓はバールキャラスブ集落から約1kmの距離にある。■

女性の分娩後のゴスル、女性の一般的出血によるゴスル、遺体に触れた場合のゴスル、遺体自体のゴスル、願掛け・誓願などの場合のゴスルの7種類がある（R.M.ホメイニー著『トウズィーホルマサーエル（諸問題の解説）』〈未邦訳〉より）。

※訳注15／バールキャラスブ集落……現在の名称はバーリーキャラスフ集落。ソルターン・アリー廟はマルキャズィー州とエスファハーン州の州境に位置する。廟東側に隣接するバーリーキャラスフ集落、かつてアルダハール村に属していたギヤースアーバード集落、後述のネシャルジ集落は、現在エスファハーン州カーシャーン県ニヤーサル郡ニヤーサル村に属している。ソルターン・アリー廟もカーシャーン県側に含まれる（178頁補遺、第7章訳注14を参照）。

上……南側から見たソルターン・アリー廟
前頁…北側から見たソルターン・アリー廟
ドームのある墓所の東側、西側、南側に、それぞれサルダール内庭、ゴミー内庭、アティーグ内庭が位置している。
聖廟南側の大門から谷側に向かって道がのびている

第 2 章

アルダハール平原の殉教者

شهید دشت اردهال

エマームの子　ソルターン・アリー

ソルターン・アリーの墓

シーア派第5代エマーム、モハンマド・バーゲルの子の名前や人数に関する系譜学の資料や歴史的な文献には、5人の子の1人※訳注1であるアリーへの言及がある。『ゴムの歴史』の著者ゴミーは、モハンマド・バーゲルの子アリーという名を挙げているものの、同書で、預言者の末裔《セイエド》たちのゴムや周辺の村々への訪問について述べた部分では、モハンマド・バーゲルの子アリーがこの地に至ったことに触れていない。ヘジュラ太陰暦6世紀〔西暦12～13世紀初め〕以降になると、バールキャラスブ、つまりマシュハデ・アルダハールにある「エマーム・モハンマド・バーゲルの子アリーのエマームザーデ※訳注2」とよばれる墓に関する記述が見られる。〔『反駁の書』の著者〕ガズヴィーニーは、カーシャーンの宗教拠点について「モハンマド・バーゲルの子アリー殉教地の廟は、マジドッディーンが「そこ

※訳注1／5人の子の1人……モハンマド・バーゲルの子供の数に関しては、息子4人、娘2人とする説や、息子3人、娘1人とする説、息子5人、娘1人とする説など、諸説あり。いずれの説にも、長子ジャアファル・サーデグとアリー（ソルターン・アリー）の名前は認められる。

※訳注2／エマームザーデ……エマームの子、子孫の意。エマームの子孫の聖廟もエマームザーデと呼ばれる。つまり、エマームザーデであるソルターン・アリーが祀られているソルターン・アリー廟もまたエマームザーデである。

に〔作るように〕」と命じたバールキャラズにある」と説明している（『反駁の書』198頁）。また別の箇所ではこう述べている。「カーシャーンの住民はモハンマド・バーゲルの子アリーが埋葬されているバールキャラスブの聖廟詣でに愛着をもっている。人々が言うには、こうした真実を知らず、否定する者は哀れだ。（中略）カーシャーンの人々はモハンマド・バーゲルの子アリーが葬られたバールキャラスブの聖廟に詣でる。かの地には〔埋葬の〕証拠があるのだから」（『反駁の書』588頁）。

墳墓の研究者の中には、タージョッディーン・ホセイン・ゾフレ・ホセイニーやモヘッボッディーン・ナッジャールのように、ソルターン・アリーの墓はバグダードのジャアファリーエ地区にあるとする者もいれば、セイエド・モハンマドタギー・ポシュトマシュハディーのように、墓はカーシャーンのポシュトマシュハド地区にあると考え、それ故この地区は「ポシュトマシュハド〔殉教地の裏〕」と名付けられたのだとする者もいる。アッバース・フェイズはソルターン・アリーの墓がアルダハールにあるとは考えず、「ソルターン・アリーが特定の地に埋葬されたという証拠は見当たらない」と述べている（『ゴムの遺宝』52頁）。

一方、地元の住民は皆、ソルターン・アリーの墓はアルダハールにあると考えている。そして、ゴムのハズラテ・ファーテメ・マアスーメ廟※訳注3、〔第7代エマーム〕

※訳注3／マアスーメ廟……第7代エマーム、ムーサー・カーゼムの娘で、第8代エマーム、アリー・レザーの妹ファーテメ（マアスーメ）（西暦800?～816）の廟。

シーア派歴代エマームの系譜とその分派

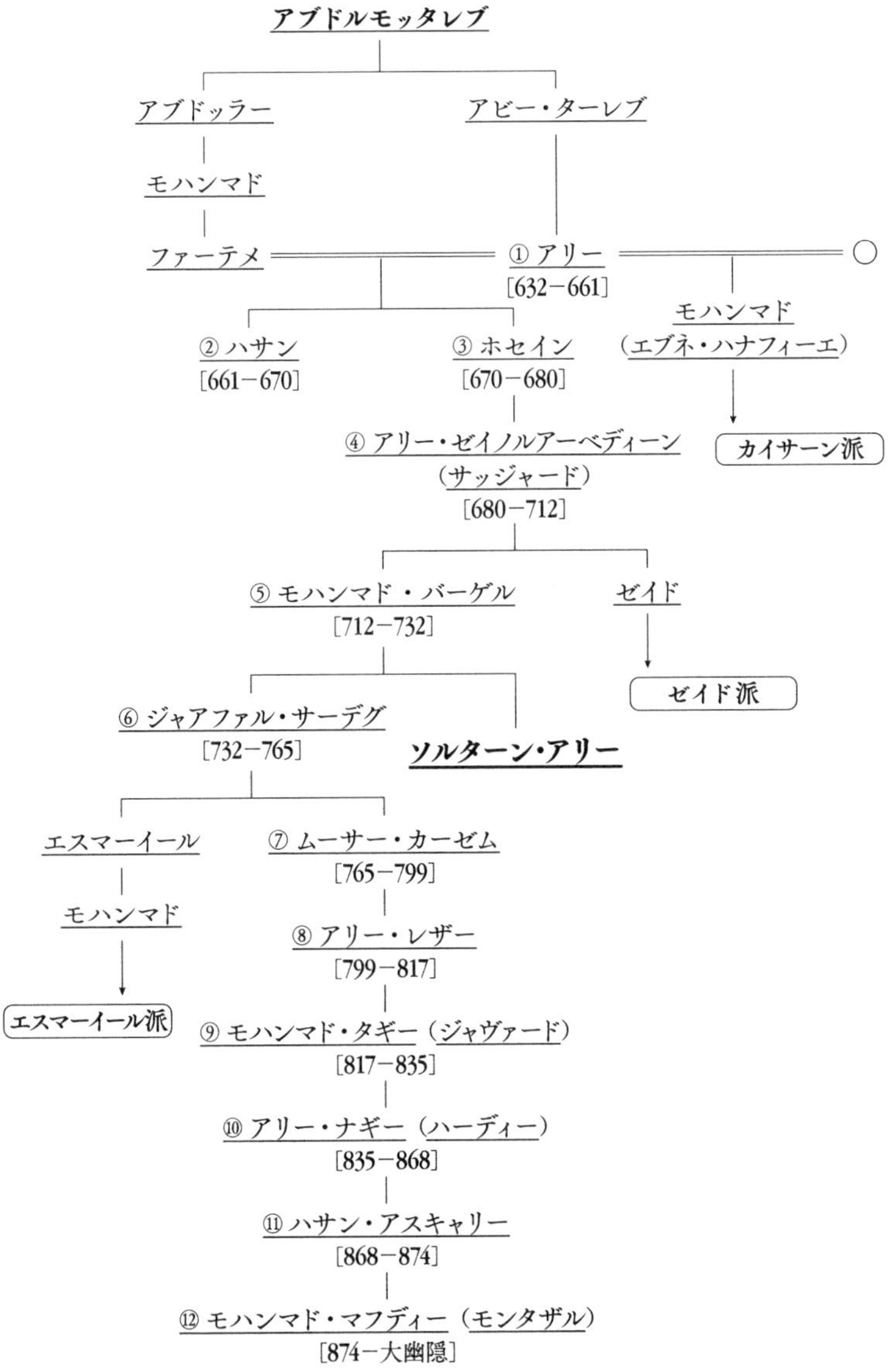

＊エマームの名前はイランでの通称に準拠　＊［ ］内はエマーム位在任期間／八尾師誠作成

ムーサー・カーゼムの子でマアスーメの兄弟アフマドの廟であるシーラーズのシャーチェラーグ※訳注4、レイのアブドルアズィーム廟※訳注5に続いて、敬意を払うべき参詣対象と見ている。また、アサド・エブネ・モガッイェレの娘でソルターン・アリーの妻だったハキーメや預言者の末裔《セイェド》である重要人物数名がこの墓廟の周辺に葬られているといわれている。

※訳注4／シャーチェラーグ……「光の王」の意。イラン南西部の都市シーラーズで没した、第7代エマーム、ムーサー・カーゼムの子アフマドの廟。

※訳注5／アブドルアズィーム廟……テヘランの南に位置する都市レイ（現在はテヘラン市の一部）にある聖者廟。

聖遷と殉教

口頭伝承

ソルターン・アリーのイランへの聖遷※訳注6や、異教徒であるこの地域の圧制者たちと戦いアルダハールの支配者ザッリーン・キャフシュの手にかかって悲劇的な殉教を遂げたことについて、長大な物語が語り継がれている。言い伝えによれば、フィーンの人々はシーア派を受け入れた※訳注7ものの宗教的な指導者やリーダーをもたなかったため、アーメル・エブネ・ナーセル、ハージェ・ネエマーンという2人の使者をメディナのエマーム、モハンマド・バーゲルのもとに送り、シーア派の規範を伝え自分たちを導いてくれるリーダーを求めた。

モハンマド・バーゲルはフィーン住民の願いを聞き入れ、息子のアリーをイランに遣わした。イランではソルターン・アリーの名で有名なこのエマームの子《エマームザーデ》は、メディナからフィーンに赴く途中、各地の町や村でシーア派信徒の歓迎を受けた。

※訳注6／聖遷……ペルシア語でヘジュラ、アラビア語でヒジュラ。通常、西暦622年に預言者モハンマドのメッカからメディナへの移住を指す。

※訳注7／シーア派を受け入れた……イラン高原の人々は、イスラーム圏が拡大してゆく過程で最も早い時期におけるイスラームへの改宗者となった。アラブ人ムスリム勢力によるイラン高原全域の征服が完了する西暦7世紀後半までには、相当数の改宗者が誕生したものと推測される。その後、ウマイヤ朝期にはその動きは幾分緩慢になるものの、アッ

ゴム地方のジャーセブやアルダハールのハーヴェなどの集落では、しばらくの間その地に留まることとなった。ハーヴェでの滞在期間は約1か月に及んだ。この間ハーヴェの人々はソルターン・アリーを心からもてなし、その宗教的な知識や存在そのものから大いなる功徳を得た。

ハーヴェを発ったソルターン・アリーは、指導者を求めた者たちのもと、すなわちフィーンにようやく辿り着くと、その地に居を構えた。そして金曜モスクで礼拝をし、神を讃え、説法で人々を導いた。フィーンの夏は暑く、ソルターン・アリーは一族郎党を引き連れてアルダハールへ行き、暑い季節をハーヴェ集落で過ごすのが常であった。夏の間、避暑地であるアルダハールの各集落で過ごしていたフィーンやチェヘルヘサーラーン（カーシャーン）の人々は、金曜日になるとハーヴェのソルターン・アリーのもとを訪れ、彼に従って金曜の祈りを捧げ、説法に耳を傾けた。

※訳注8

かくして数年が過ぎ、多くのシーア派信徒が彼のもとに集い、付き従った。一方、日々拡大する人々への影響力とシーア派信徒の増加は地域の支配者たちを恐怖に陥れた。当時アルダハールを治めていたのは、アルダハール山頂の砦に住み、バールキャラスブのザッリーン・キャフシュの異名で知られたハーレスだった。ザ

バース朝期には再びその過程は加速し、一説によれば、11世紀末にはほぼすべての住民がイスラーム教徒になっていたといわれる。しかし、そのほとんどはスンナ派であり、カスピ海沿岸地域（ゼイド派）や、ゴムなど高原中央部のいくつかの都市を除けば、シーア派は少数派であった。ところが、1501年、新たに登場したサファヴィー朝の初代君主シャー・エスマーイールがシーア派（12エマーム派）を国教とすると、次第にシーア派12エマーム派が優勢となり、17世紀中葉には多数派を形成するまでになったといわれる。ちなみに、現在のイラン・イスラーム共和国においては、国民全体の90％がシーア派12エマーム派、8％がスンナ派、2％が非イスラーム教徒となっている。

ッリーン・キャフシュはゴムの総督アズラグに書簡を送り、シーア派信徒の勢力増大と人々のソルターン・アリーへの帰依を報告した。知らせを聞いたアズラグは、ザッリーン・キャフシュに使者を遣わし、ソルターン・アリーの首をはねるよう求める。アズラグの命を受けたザッリーン・キャフシュは、ゾベイル・ナラーギーやアルガムら地域の支配者や配下の者と話し合い、方策を練り、殺害計画を立てるのだった。

　ザッリーン・キャフシュは偽りの態度と親しげな言葉でソルターン・アリーをバールキャラスブに招く。ソルターン・アリーは招待を受け入れ、信者の一団を伴ってバールキャラスブにやって来る。ソルターン・アリーと信者たちは、集落を離れた丘の麓――その丘の上には現在ソルターン・アリーの墓がある――に天幕を張る。数日後、料理番の従僕が逗留地を取り囲む武装した集団を見て、ザッリーン・キャフシュの下劣な意図に気づく。料理番はすぐに妻を密かにハーヴェに行かせ、集落の人々にザッリーン・キャフシュの計画を知らせる。

　ハーヴェの人々は、集落の中でもとりわけ屈強な若者や男衆を動員して武器を持たせ、ハージェ・ジャラーロッディーンとその息子ハージェ・ナスィールの指揮の下、バールキャラスブに向かわせた。この頃、ザッリーン・キャフシュの裏

※訳注8／金曜モスクで礼拝……イスラーム教徒は、単独で行う普段の礼拝とは別に、金曜日に集団で行う礼拝が義務付けられている。金曜日の礼拝が行われる場所は金曜モスク（masjed-e jom'e あるいは masjed-e jāme'〈集団モスク〉とよばれる）であり、その集団礼拝の手本を示す導師（エマーム）は特別な重要性を帯びることになる。

切りと策略を察知していたソルターン・アリーは、天幕をたたんでハーヴェに戻るよう指示を出す。ザッリーン・キャフシュとアルガムはソルターン・アリーの意図を察し、自らの手勢に加え、兵を率いて合流していたゾベイル・ナラーギーとともに、アズナーヴェ峡谷という場所でソルターン・アリーに攻撃を仕掛ける。

言い伝えによれば、両軍の戦いは秋※訳注9の1日から10日まで10日間続いた。この間ザッリーン・キャフシュは、アルダハールとその周辺の町や村を結ぶすべての道を封鎖し、ソルターン・アリーを支持するフィーンとチェヘルヘサーラーンのシーア派信徒に戦いの知らせが届かないようにした。ソルターン・アリーが救援を求めて送った使者はことごとく捕らえられ、殺された。フィーンやチェヘルヘサーラーンへ向かう途中で捕らえられ殉教した使者の中には、ソルターン・アリーのおじシャーズデ※訳注10・ホセインと兄弟のソルターン・マフムードもいた。

ゾベイルとアルガムは、戦いが始まってまだ日の浅いうちに殺された。この2人の死によって、敵側の者たちは気落ちし、厭戦気分が広がった。ザッリーン・キャフシュは策略をめぐらし、コラジャール集落に滞在していたコウリー※訳注11の領袖コラガッドとコラジャール集落の何人かの長老たちを頼って、援助を求めた。※訳注12ザッリーン・キャフシュは、コラガッド※訳注13をそそのかし金品を贈って猛者を集め、戦

※訳注9／秋……イラン太陽暦で7番目の月であるメフル月（西暦9月23日～10月22日）をさす。イランの秋はメフル月から始まる。

※訳注10／シャーズデ……シャー（王）の子、王子の意だが、ここでは一種の敬称として用いられている。

※訳注11／コウリー……イランの各地でみられる漂白民の呼称（総称）。グーロニー（ロレスターン）、ソズマーニー（コルデスターン）、ゴルバティー（中央州）、ガラチー（アゼルバイジャン）などともよばれる。歌舞音曲や占いなどを主な生業とし、固有の言語をもつ集団もある。イラン地域における音楽や舞踏などの伝統の維持・継承には重要な役割を果たしてきたと考えられる。

力を強化して、ソルターン・アリー勢に襲いかかった。この攻撃では、ソルターン・アリー側の指導者の一人ハージェ・ナスィールが殉教した。ソルターン・アリーは仲間たちとともにザッリーン・キャフシュ軍の本陣に突入し、多くの者を討ち取った。ザッリーン・キャフシュは一計を案じ、女性たちを戦場に送り込むという邪悪なはかりごとを実行に移した。ソルターン・アリーは戦いから手を引くことを余儀なくされ、〔配下の〕男衆を後退させた。※訳注14

ソルターン・アリーはアズナーヴェ峡谷の岩場に逃れ、神の赦しを求めて祈りを捧げる。ザッリーン・キャフシュはこの機に乗じて襲いかかり、ソルターン・アリーとその多くの仲間が殉教した。

2日後、ソルターン・アリー殉教の知らせがフィーン住民のもとに届く。フィーンの人々は鋤や棒切れを手に、徒歩や馬でアルダハール平原に向かい、ばらばらにされたソルターン・アリーの遺体のもとにやってくる。殉教から3日目、遺体を洗い浄め、遺言に従って現在の場所、つまり丘の上に埋葬する。

ソルターン・アリーの遺体を洗い浄め埋葬した様子については、二つの説が人口に膾炙《かいしゃ》している。一説では、フィーンの人々はソルターン・アリーの遺体を一枚の絨毯の上に乗せ、今はシャーズデ・ホセイン川とよばれる流れのほとりに運

※訳注12／コラジャール集落～を求めた……翻訳の底本に用いた初版第3刷は第1刷との間に若干の相違がある。この部分は、第1刷では「コラジャール集落の領袖コラガッドや長老たちを頼って、援助を求めた」となっている。

※訳注13／コラガッドを……第1刷では「彼らを」としている。

※訳注14／ザッリーン・キャフシュは～後退させた……第1刷と第3刷の相違あり。第1刷では「ザッリーン・キャフシュは一計を案じ、コラジャールの女性や娘40人を裸にして戦場に送り込んだ。ソルターン・アリーは裸の女性たちを見ると、戦いを止め、〔配下の〕男衆を後退させた」。

上…アズナーヴェ峡谷の風景
中…ソルターン・アリーのガトルガー（終焉の地）にある祠
下…アズナーヴェ峡谷にあるガトルガー

んで、洗い浄める。その後、現在もそこに墓がある丘の上まで野辺の送りをし、その場所で埋葬のためにハーヴェ住民に引き渡す。もう一つの説によると、ソルターン・アリーの遺体はばらばらに切り刻まれ、頭部がなく血まみれであったため、洗い浄めずに絨毯に乗せて丘の上に運び葬る。その後、殉教者となったエマームの子《エマームザーデ》の血で染まった絨毯を水辺で洗い浄める。

悲嘆にくれるフィーンの人々は弔いの後、アルダハール平原の殉教者たちのため血の復讐に立ち上がり、持ってきた鋤や棒切れを手に、ソルターン・アリーや他の殉教者を殺したザッリーン・キャフシュ勢を追撃してその多くを殺害し、復讐を遂げた。ザッリーン・キャフシュは、アルダハールのケルメ集落で捕らえられ、馬の尾に縛り付けられ、荒野に放たれた。

この出来事の後、フィーンの住民は、最後の審判※訳注15のときまで年に一回、埋葬日に当たる秋の13日※訳注16または第2金曜日にアルダハールを訪れ、年忌に絨毯洗いの儀礼を行うことで、ソルターン・アリーの殉教と葬儀の記憶を留めようと決意した。

※訳注15／最後の審判……ムスリムは、現世の終わりの時に、すべての者たちは神の裁きを受け、賞罰を割り当てられると信じているが、その時のこと。

※訳注16／秋の13日……イラン太陽暦メフル月13日。西暦10月5日前後。

系譜学者や伝記作家、あるいは地方史家さえ、ソルターン・アリーのイランへの聖遷、フィーンとハーヴェでの滞在、当時のアルダハールの支配者ザッリーン・キャフシュとの戦い、殉教の様子などについて、なんら記録を残していない。『ゴムの歴史』は、ヘジュラ太陰暦4世紀〔西暦10〜11世紀初め〕におけるゴムとその周辺の歴史や地理、ゴム、カーシャーン、ならびにその周辺地域の聖廟に関する最も古い資料だが、その著者もソルターン・アリーがフィーンとカーシャーンを訪れた事実やアルダハールでの殉教について触れていない。アブドルジャリール・ガズヴィーニーが『反駁の書』の中で初めて、バールキャラスブ集落にあるモハンマド・バーゲルの子アリーの墓について伝えているが、聖遷や殉教については記していない。

ハサン・ナラーギーは『カーシャーン社会史』で、ヘジュラ太陰暦10世紀〔西暦15〜16世紀〕の写本に言及し、「手元にあるヘジュラ太陰暦933年〔西暦1526〜27年〕の写本の伝記には、ソルターン・アリーの人物像、カーシャーン訪問、シーア派信徒が傾倒していく様子、殉教に至るまでの経緯が説明されている」と書いている（46頁）。作者やテーマに関する情報がないこの伝記を除いて、ソルターン・アリーの聖遷と殉教の物語を伝える書物や資料はすべて、ヘジュラ太陰暦13世紀〔西暦18〜19世紀〕以降に著されたものである。こうした資料もおそらく、人々の間で語られてきた伝承から採られたものであろう。

　ソルターン・アリーの生涯を詳細に記した文書で最も古いものは、ヘジュラ太陰暦13世紀前半〔西暦18世紀後半〜19世紀前半〕の写本である。この写本は、ヘジュラ太陰暦1366年〔西暦1947年〕に没した碩学アーガー・モッラー・アブドッラスール・マダニーが所有していたものである。マダニーは自らの著書の一つで、この写本が書かれたのは自分の著作の133年前であるとしている（エマーマト・カーシャーニー『ソルターン・アリー伝』23頁）。ホッジャトルエスラーム※訳注17、ミール・セイエド・アズィーゾッラー・エマーマト・カーシャーニーは、この写本が語る伝記と殉教の様子を要約し、自身の著作で伝えているが、写本が語る聖遷と殉教の描写も、人々が語り伝える説話と同様である。この写本の内容だけが伝える情報は、イランへの聖遷の日はヘジュラ太陰暦113年〔西暦731年〕だったということだ。カーシャーニーは、「ソルターン・アリーがイランに来て1年後※訳注18、ヘジュラ太陰暦114年〔西暦732年〕にヘシャーム・エブネ・アブドルマレクがソルターン・アリーの父親を毒殺する」と記している（詳しくは、エマーマト・カーシャーニー『ソルターン・

※訳注17／ホッジャトルエスラーム……イスラームの証の意。シーア派オラマーの称号で、モジュタヘド（イスラーム法の解釈において、自立した判断を行使する資格を有する者）の資格を有し、法廷判断を実践しうる中堅オラマーに与えられる。オラマーについては41頁訳注21を参照。

※訳注18／ヘシャーム・エブネ・アブドルマレク……ウマイヤ朝第10代カリフ（在位西暦724〜743年）。なお、ソルターン・アリーの父（第4代エマーム、モハンマド・バーゲル）を毒殺したのはヘシャーム・エブネ・アブドルマレクではなく、彼の従兄弟エブラーヒーム・エブネ・ヴァリード・エブネ・アブドッラーであるとする説もあり。

アリー伝』23〜30頁を参照)。

アルダハールでの出来事を簡略に伝えるもう一つの資料は、アブドッラヒーム・キャラーンタル・ザッラービーがヘジュラ太陰暦1287〜1288年〔西暦1869/70〜1870/71年〕に著した『カーシャーンの鏡、別名カーシャーンの歴史』である。著者は、ソルターン・アリーがアルダハール村に遷《うつ》り、敵と戦って殉教し、洗い浄められ埋葬された経緯をこのように描写している。

「その高貴なお方が大勢の支持者や信奉者を伴って村に到着し居をお定めになると、知らせは四方に伝わり、そのお方を慕う者たちが日々馳せ参じた。一方、暴虐な支配階級に属する敵方はこれを知って結託し、中でもリーダー格であったナラーグのザッリーン・キャフシュ、続いてコラジャールのコラガッドとアーラーンのパーパフンらがそれぞれ無分別な連中を率いて襲撃し、戦いが始まった。ついには高貴なお方を殉教させ、財産を略奪した」。

「信奉者たちに情報が届き、戦いの準備が行われたのは〔殉教の〕前日であった。〔信奉者たちが〕四方八方から駆け付けると、むごい扱いを受け、土と血にまみれたそのお方の亡骸を目にする。絨毯を広げ、聖なる御遺体をこれに包み、水辺に運んだ。現在その向かいには、同じ頃殉教し同地に葬られた勇敢なるシャーズデ・

ホセインの廟があるが、今も流れるその水で信奉者たちは遺体を洗い浄め、死装束を着せ、広く高い場所に運んだ。その地は現在、その高貴なお方の墓廟とドームになっている」（『カーシャーンの歴史』432頁）。

モハンマドタギー・ベイク・アルバーブは、ヘジュラ太陰暦1295年〔西暦1878年〕に著した『信仰の府ゴムの歴史』において、ほんのわずかアルダハールでのソルターン・アリー殉教に触れているが、事件の詳細には言及せず、「暴虐な支配者たちの命により、高貴なお方は四方から軍に取り囲まれ、その地〔アルダハール〕で殉教した」（『信仰の府ゴムの歴史』47頁）としている。

残忍な為政者の手にかかったソルターン・アリーの殉教の様を描く哀悼劇も存在する。毎年絨毯洗い儀礼の時期とモハッラム月※訳注19最初の10日間、アルダハールとその周辺の集落で地元の語り部たちが哀悼詩朗詠とともに演じる。言葉のスタイルや詩の表現方法は、この哀悼劇がガージャール朝※訳注20後期につくられたことを示している。

文字伝承はいずれも、こうした話の信頼性を示すしっかりとした歴史的資料に言及しておらず、恐らくその根拠はすべて口頭の伝承であり、地域の一般大衆に広く知られた作り話に属するものであろう。この見解を、アッバース・フェイズやセイエド・アズィーゾッラー・エマーマト・カーシャーニーなど最近のオラマー※訳注21や評伝

※訳注19／モハッラム月……ヘジュラ太陰暦の第1月

※訳注20／ガージャール朝……西暦1796〜1925年。トルコ系の部族が建てたイランの王朝。

※訳注21／オラマー……イスラーム諸学を修めた学者、知識人。アラビア語ではウラマー。

作家も明確に支持している。彼らは、ソルターン・アリーと支配者たちとの戦いやアルダハール平原の殉教の物語は事実ではないとし、信頼に足る根拠は得られないと考えている（『輝ける星々』173頁、『ソルターン・アリー伝』23頁）。ザッリーン・キャフシュ、アズラグ、アルガム、ゾベイル、ハージェ・ジャラーロッディーン、ハージェ・ナスィールなど馴染みのない登場人物も、この出来事が伝説であり事実ではないことを裏付けている。この登場人物たちは、イスラーム史上の人物像から人々の集団的な心性によってつくり上げられたものである。たとえばアズラグは、実際にキャルバラーの戦い※訳注22でガーセムによって殺されたオマル・エブネ・サアドの軍司令官アズラグから取られている。一方、ハージェ・ジャラーロッディーンとハージェ・ナスィールは、ハーヴェの当時の有力者2名として登場するが、歴史資料におけるそのモデルが誰であるかはっきりしない。

※訳注22／キャルバラーの戦い……キャルバラー（アラビア語でカルバラー）はイラクのユーフラテス川沿いにある都市。西暦680年、第3代エマーム、ホセイン一党はこの地でウマイヤ朝軍と戦い、ほとんどすべての者が殉教した。

ソルターン・アリー廟

ソルターン・アリー廟はアルダハールの乾いた広大な谷にほど近い山裾にあり、広さ約3,000㎡の土地に造られている。この聖廟はバールキャラスブとジューシャグという二つの集落の間に位置する。現在のエイヴァーン[※訳注23]と墓廟は、非常に美しく壮麗で、メディナにあるバキーウ墓地[※訳注24]に眠るエマームたちもこれほどの墓所はもたなかったといわれるほどである。

墓所に最初に造られたのは4つのアーチをもつ簡素な建物で、その歴史はヘジュラ太陰暦4世紀後半〔西暦10世紀後半~11世紀初め〕のブーヤ朝[※訳注25]期に遡るといわれている。その後、サルジューグ〔セルジューク〕朝時代ヘジュラ太陰暦6世紀の初め頃〔西暦12世紀初め〕、マジドッディーンというカーシャーン地方ラーヴァンド[※訳注26]の名士が、墓所の上にドームのある廟を造って回りを壁と柵で囲み、さらにその周囲には水倉[※訳注27]、浴場、宿泊施設、バーザール、庭園、果樹園を配した（『ラーヴァンディー詩集』245頁）。ヘジュラ太陰暦9世紀〔西暦15世紀〕、ティムール〔ティムー

※訳注23／エイヴァーン……アラビア語でイーワーン。高いアーチを持ち、一方が戸外に向かって開き、三方が壁になっている広間、空間。

※訳注24／バキーウ墓地……イスラームの聖地メディナにあり、預言者モハンマドの親族等が埋葬されている。

※訳注25／ブーヤ朝……西暦932~1062年。現在のイラン、イラク地域を支配。アラビア語でブワイフ朝。

※訳注26／ラーヴァンド……カーシャーンの北西約7kmにある町

※訳注27／水倉（みずくら）……ペルシア語ではアーブアンバールあるいはベルケと

ル」朝シャーロフの時代に廟の建物は修繕され、ミナレット※訳注28、鼓楼※訳注29、現在「アティーグ内庭」と「パーパク内庭」になっている二つの内庭などの部分が増設された。墓所の4アーチ式建物の天井内側にも絵画が描かれ、丸天井は彩釉タイルで、そして下の円柱状部分はモザイクタイルでそれぞれ覆われた。

サファヴィー朝時代、墓所のドームはアラベスク文様や色とりどりの花やペイズリー文様が描かれた黄金色のタイルで装飾され、内庭を囲む複数の小部屋と墓所囲りの建物が増築された。現在、廟の建物にはサファヴィー朝の王たちの事績が修繕者の名の刻まれた銘文とともに残されている。

ガージャール朝時代に入ると、廟の建物がいくつか改修された。〔サルダール内庭の〕大エイヴァーン両脇の柱上にある二つの高いゴルダステ※訳注30とその外側の小さな複数のミナレットはモザイクタイルで覆われ、装飾が施された。

ソルターン・アリー廟には三つのエイヴァーンがあり、墓所の建物の東側、南側、西側にそれぞれ内庭がある。※訳注31東側にある現在の内庭とエイヴァーンは、ナーイェブ・ホセイン・カーシーの息子マーシャーッラー・ハーンが、イラン太陽暦1296年〔西暦1917～18年〕、廟の総管財人や寄進財の使用者の援助を受け、壊れていた室房と神学校《マドラセ》の替わりに建てたものである。この内庭とエイヴァーンは建造者

いう。乾季のために水を蓄えておく屋根覆いをもつ建物。イランでは、ヤズド、カーシャーン、ナーイーンなどキャヴィール塩漠の周縁部や、ファールス州南部（ラーレスターン）、そして、ミーナーブ、ゲシム島などホルモズガーン州に多く見られる。

※訳注28／ミナレット……モスクなどに付随する尖塔。

※訳注29／鼓楼……ペルシア語でナッガーレハーネ。建物の屋上などに造られた小部屋。朝晩、その中でナッガーレとよばれる太鼓が打ち鳴らされた。

※訳注30／ゴルダステ……ミナレットの上部。信徒に礼拝参加の呼びかけ（アザーン）が行われる場所。

※訳注31／ソルターン・アリー廟～内庭がある……改修を経て、現在のソルターン・アリー廟には五つのエイヴァーンと五つの内庭がある。

サルダール内庭西側のエイヴァーンとゴルダステ

の呼称にちなんで、サルダールまたはサルダーリーエ〔司令官〕とよばれている。

サルダール内庭のエイヴァーンは、両脇の柱の上にモザイクタイルで装飾された二つの高いゴルダステを備えている。ゴルダステの左右対称の位置には、タイルで覆われ内部が空洞でないミナレットが3本ずつあり、エイヴァーンの小部屋の屋根から上へと伸びている。ミナレットの高さは、それぞれ、ゴルダステ側の2本が6m、中央の2本が5m、外側の2本が4mである。

サルダール・エイヴァーンの壁の下側は直線的に組み合わされた小さなタイルで飾られ、墓所入口上部や側面などには油性の塗料で模様がつけられ絵が描かれている。描かれているのは、宗教上の出来事や歴史的・宗教的な人物、宗教的な物語の登場人物などである。たとえば、室房入口にある漆喰細工上部にはサルマーン・ファールスィー、[※訳注32] その南側の壁にはエマーム・アリーの従僕だったガンバル、[※訳注33] 北側の壁には預言者の教友[※訳注34]の絵がそれぞれ描かれている。

サルダール内庭は両側に12の小部屋と屋舎がある。大フィーン地区の有力者たちがサルダール内庭を改築し補修し、完成させている。そのため、長年にわたり、この区画はフィーン住民に割り当てられてきた。大フィーンの幹部がソルターン・アリー廟に来るときは必ず、この小部屋や屋舎に滞在する。サルダール内庭は、絨毯洗

※訳注32／サルマーン・ファールスィー……西暦?～655、656年。イランのエスファハーン出身で、預言者モハンマドの教友の一人。

※訳注33／ガンバル……初代エマーム、アリーの従僕にして彼に最も近い教友のひとり。アリーがウマイヤ朝軍と干戈を交えたスィッフィーンの戦い（657年）では、アリー軍側の一部隊を率いた。

※訳注34／教友……預言者モハンマドと直接接したムスリム。

上…北西側から見たソルターン・アリー廟
下…南側から見たソルターン・アリー廟。奥にパーパク内庭入口側のエイヴァーンが見える

48頁右…パーパク大階段を下りて、パーパク内庭へ
48頁左…パーパク内庭のエイヴァーンとパーパク大階段。エイヴァーンの上に鼓楼が見える
49頁右…アティーグ内庭。正面のエイヴァーンが男性参詣者の墓所への入り口になっている
49頁左…絨毯洗い祭礼の日にフィーン住民が集まるサルダール内庭

50頁右…ゴミー内庭側から見たアティーグ内庭
50頁左…アティーグ内庭南側のエイヴァーン
51頁右…パーパク内庭北側にあるエイヴァーンの装飾
51頁左…サルダール内庭東側

現在のソルターン・アリー廟の平面図

※（ ）内は内庭の旧名称

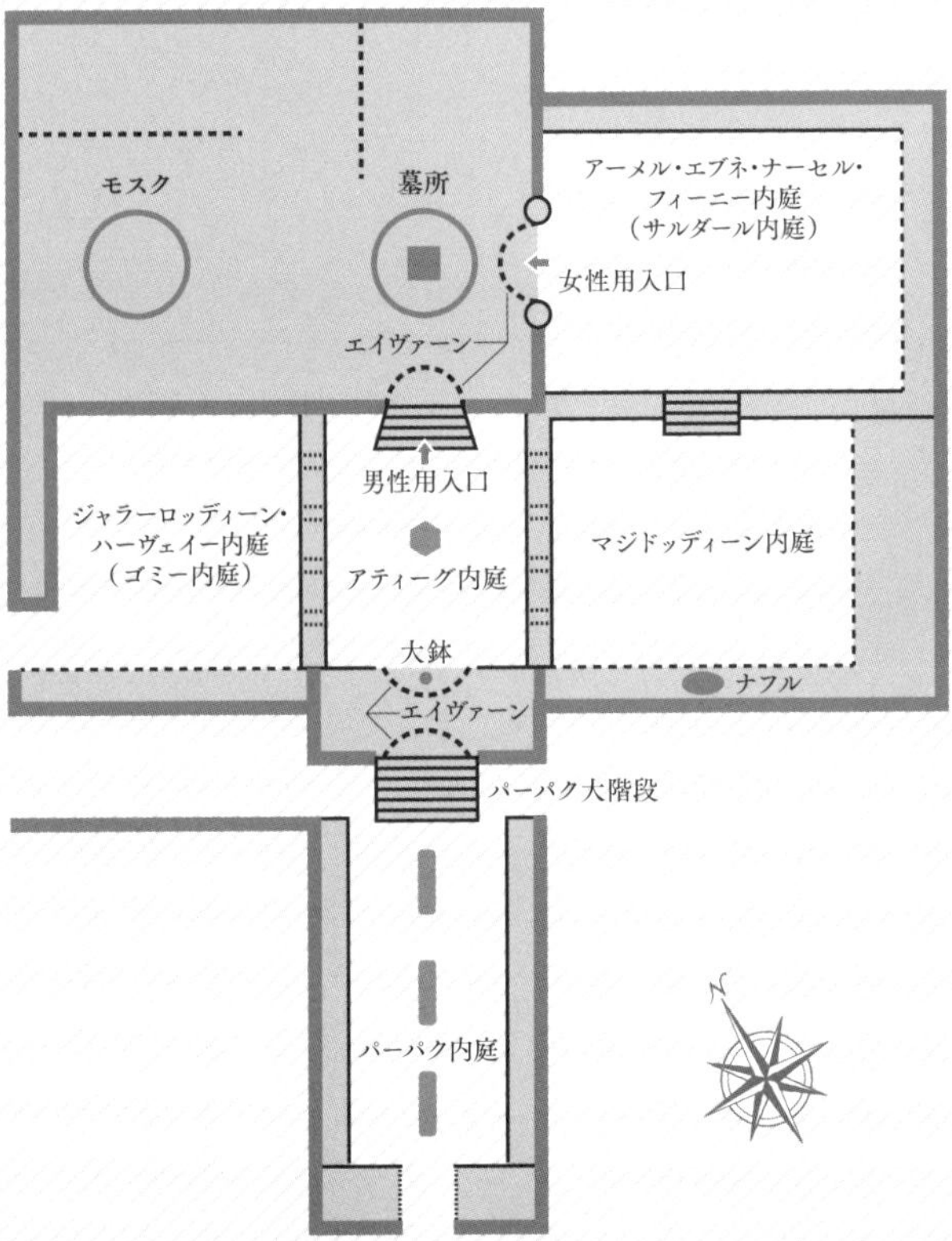

ソルターン・アリー廟は近年大規模な改修が行われており、平面図は工事が終了した2013年以降のもの
／現地写真等をもとに訳者作成

い祭礼の日にフィーンの住民が集まるので「フィーン住民の内庭」ともよばれている。
墓所南側のエイヴァーンは大きく壮麗なもので、総石造の10段の階段[※訳注35]でアティーグ内庭へと続いている。このエイヴァーンはサファヴィー朝時代に建造され、1階に二つの室房をもち、それぞれの室房の上にも小部屋がある。過去には清貧〔サファー safā〕なダルヴィーシュ[※訳注36]たちがこの室房や小部屋に集まっていたので、このエイヴァーンは「サファーのエイヴァーン」「サファーの室房」とよばれる。また、正面をゲブレ[※訳注37]の方角に向けているので「ゲブレのエイヴァーン」という名でも知られている。

エイヴァーンの天井には絵が描かれ、その両脇部分はムカルナス構造[※訳注38]になっている。壁の下部はターコイズブルーの小さな六角形のタイルで覆われており、上部の瑠璃色の壁にも絵画が描かれている。エイヴァーンを囲む部分には漆喰のレリーフがあり、金色のソルス体[※訳注39]で「クルアーンの[※訳注40]」「人間章」と、14人の穢れなき人々[※訳注41]への祈りと賛美の言葉が書かれている。

このエイヴァーンには、直線的な模様を描く小さなタイルで飾られた、中が空洞のレンガ製ミナレットが2本ある。ミナレットに挟まれたエイヴァーンの屋上部分には鼓楼が造られている。[※訳注42]鼓楼の土台は浮彫装飾の施された木製で、屋根はピラミッドのような

※訳注35／10段の階段……現在、11段が確認できる。

※訳注36／ダルヴィーシュ……イスラーム神秘主義教団に属する修道僧。

※訳注37／ゲブレ……アラビア語でキブラ。ムスリムが礼拝を行なう方向。メッカのカーバの方向をいう。

※訳注38／ムカルナス構造……イスラーム建築技法の一つ。ドームやアーチの下面などに、小さな曲面が層を成すように繰り返される様式。

※訳注39／ソルス体……アラビア文字の書体の一つ。

※訳注40／クルアーン……イスラームの聖典。ペルシア語ではゴルアーン。

※訳注41／14人の穢れなき人々……預言者モハンマド、預言者の娘ファーテメ、12人のシーア派エマームをさす。

※訳注42／ミナレットに～造

سهراب سپهری

54頁右…アティーグ内庭南側エイヴァーン下に置かれた大鉢。縁の部分にソルス体の文字が刻まれている
54頁左…サルダール内庭にあるイランの詩人ソフラーブ・セペフリー（西暦 1928 ~ 1980 年）の墓
55頁右…サルダール・エイヴァーン下部。正面に見える絨毯の奥がソルターン・アリーの墓所
55頁左…サルダール・エイヴァーン上部に描かれている絵画

形をしている。また、エイヴァーン下の階段をおりた先には地下室がある。

アティーグ内庭はティムール朝期の建築で、サファヴィー朝とガージャール朝時代に修復が行われている。内庭の広さは約750㎡である。内庭中央には大きな方池があり、ギヤーソッディーン・ガナートの水が流れている。方池の南側には、一塊の岩から削り出された大鉢が置かれている。大鉢上部の縁にはソルス体で「この大鉢をエマーム・ホセイン――彼ニ平安アレ――のヴァグフ※訳注43とする。ある貴人の従僕、エスファハーンの石工アーガー・モハンマド・ターヘル、1133年※訳注44」という文字が刻まれている。

内庭の二辺には14の小部屋があり、南側にはもう一つ別のエイヴァーンがある。このエイヴァーンのある建物はヘジュラ太陰暦9世紀〔西暦15世紀〕の建築で、入口が両面2か所にある。入口の一つはアティーグ内庭に面したエイヴァーン、もう一つはパーパク内庭に面したエイヴァーンになっている。アティーグ内庭側のエイヴァーンの壁は漆喰細工が施され、アーチはローマ式である。パーパク内庭側のエイヴァーンから18段※訳注45の階段を降りると、パーパク内庭に至る。この大階段は「パーパク階段」とよばれる。パーパク内庭側エイヴァーンの壁の下部、側面、通行口上部は白色に仕上げられていて、天井部分とアーチは漆喰彫りになってい

られている……現在、墓所南側のエイヴァーンにミナレットと鼓楼は確認できない。

※訳注43／ヴァグフ……アラビア語ではワクフ。制限、禁止の意。ある財産を特定の目的以外に利用したり措置したりすることを禁ずる目的で寄進すること。形態としては、宗教的なヴァグフ（モスクなど宗教施設への寄進）、慈善的ヴァグフ（慈善関係施設や活動への支援を目的とした寄進）、家族ヴァグフ（その財産からの収益は家族の後裔に渡され、余剰分は貧者にも渡される寄進）の三種類がある。

※訳注44／1133年……ヘジュラ太陰暦1133年の意。西暦1720～21年に当たる。

※訳注45／18段の階段……現在、21段が確認できる。

る。両脇にあるレンガ柱の内側は、弧を描く開口部の縁にそって螺旋状のターコイズブルーの浮彫が施され、螺旋の両端はエイヴァーン下部で、花瓶を半分に割った形の浮彫に繋がっている。アーチ上の左右にある三角部分も、絵付タイルで飾られている。

　アティーグ内庭側に抜ける通行口の上には、7個の石を組み合わせた白い石板が設置されている。この石板には、ソルターン・アリー殉教地の預言者の末裔《セイエド》と定住者と商店主に牛税（牛などの四つ足獣にかかる税）と羊税の支払いを免除するというシャーロフ・ミールザー※訳注46の勅令が刻まれており、これはミールザー・ユーセフの指示により、ヘジュラ太陰暦893年（西暦1487～88年）モハンマド・マハッラーティーがソルス体で記したものである。このエイヴァーンの上にも鼓楼が設けられている。

　階段を下りた先にある内庭は、その位置から「パーパク（pā足＋pak階段：階段の足元）」とよばれる。市井の人々は、この階段の名前をカーシャーン近郊にあるアーラーンの有力者で、ソルターン・アリーの敵方だった「パーパフン」と関連付けている。この男は足の幅が広く大きかったので「パーパフン」または「パーパフナク」（広足、大足）とよばれ、後にその名が「パーパク」と形を変えて人々

※訳注46／シャーロフ・ミールザー……西暦1377～1447年。ティムール朝第3代君主。在位1409～1447年。

58頁上…サルダール内庭東側
58頁下…ゴミー内庭。右側にアティーグ内庭北側のエイヴァーンと墓所のドームが見える
59頁上…マジドッディーン内庭
59頁下…マジドッディーン内庭からアティーグ内庭方向を見る

の間に広まったといわれている。彼をさげすみおとしめるためこの階段を「パーパク」と名付け、参詣者は階段を通過するとき「パーパク」を踏みつけ呪うのである。

パーパク内庭は比較的広く開放的な空間で、方池が一つと植え込みが数か所ある。この内庭には小部屋がいくつかあり、両側にアーケード、宿泊所、浴場、トイレが設けられている。パーパク内庭の南側、方池の先には、ウマやラバやロバを繋ぐ通路がある。今日では、カーシャーンの銅細工師組合が、絨毯洗いの祭礼の際にこの内庭の小部屋に陣取り、銅製品や皿を売るので、「カーシャーン住民の内庭」「同業者組合の内庭」ともよばれる。

墓所の西側には内庭がもう一つあって、その南の壁に出入口がある。[※訳注47] かつて、この内庭はとても重要な場所であった。ゴムの職人や参詣者が集まっていたので「ゴム住民の内庭」とよばれたが、現在では参詣者の利用は少なくなっている。

墓所の建物内には、「バーラーサル・モスク」と「ポシュテサル・モスク」の二つの礼拝所がある。「ポシュテサル・モスク」は「チェラーグハーネ〔灯の館〕」ともよばれる。参詣者は、願掛け用のろうそくを「チェラーグハーネ」内のろうそく台に置き、火を灯す。

※訳注47／南の壁に出入口がある……後の改修により、現在ゴミー内庭南側の壁に出入り口はなくなっている。

上……アティーグ内庭東辺
下左…パーパク内庭の西側部分。カーシャーンの銅細工師組合はこの区画に銅製品を積み上げる
下右…バーザールのアーケード東側入口部分。行商人たちが品物を広げる前の様子（廟のこの部分は改修を経て大きく様変わりしている）

ソルターン・アリーの墓の回りは、しばらく前まで大小二つの木製の「ザリーフ」で囲まれていた。大きなザリーフの内側にあった小さいザリーフの方が古いもので、ビンロウの木でできていた。その側面には「ハサン・エスファハーニーの子、私ことモハンマド・ザマーン記す。1002年」※訳注48と彫られていた。大きい方のザリーフは緑色で格子状のものだったが、イラン太陽暦1348年（西暦1969年）メフル月に撤去され、代わりにエスファハーン製の金銀箔の施されたザリーフが設置された。※原注

※訳注48／1002年……ヘジュラ太陰暦1002年の意。西暦1593～94年に当たる。

※原注／墓廟の歴史と建築について詳しくは次を参照のこと。『カーシャーン県とナタンズ県の歴史的遺産』126～137頁、『カーシャーン県の歴史的遺産および建造物案内』17～19頁、『ゴムの遺宝』第2巻64～88頁）

聖廟のヴァグフ管理体制と寄進財

ヴァグフ管理体制

かつては、近隣の預言者の末裔《セイエド》のグループがソルターン・アリー廟の維持管理を担っていた。シェイフ・モハンマドバーゲル・マランディーは、廟に仕えるグループの人数がヘジュラ太陰暦1381年〔西暦1961〜62年〕の時点で18人だったとしている。この奉仕者たちはヴァグフ管理体制の中で、総管財人《モタヴァッリー》、准管財人、監査人、財務担当、説教師、扉番、クルアーン読誦長、図書担当、灯火担当、宿担当、番役長（2人）、雑務長（2人）、雑務担当（2人）、礼拝告知人、水利担当という職名で働いていた。総管財人《モタヴァッリー》と准管財人は、寄進財から得られる賃貸料や収益の徴収、寄付・祈願料の受取、廟の建物の修理・修繕等の責を負っていた。

廟の奉仕者の地位は世襲制であり、その一族の間で世代から世代へと受け継がれていった。ガージャール朝の歴代シャーは、継承者が預言者の末裔《セイエド》であると同時に、誠実な人柄で同職に相応しい能力を備えているとカーシャーンまたはゴムのオラマーが認めた場合に、准管財人の世襲を命じていた。この詔勅において、シャーは准管財人の責務を列挙するとともに同人への支持を宣言し、准管財人の地位に敬意を払うことを総管財人《モタヴァッリー》と監査人に課していた。以下に、アーガー・セイエド・モハンマドバーゲルに対するナーセロッディーン・シャー[※訳注49]の詔勅を引用する。

聖なる墓廟がその諸事において期するものは、常に帝王陛下の意図される深淵なる御意思に添うものである。エマームの子ソルターン・アリー様を祀る聖廟の准管財人ハージ・ミールザー・アボルガーセム逝去の報が届き、この職務を全うしうる信頼のおける人物が必要となった。それ故、預言者の末裔《セイエド》であるアーガー・モハンマドバーゲルについて、同人が故人の従兄弟の家系であり、この職に相応しい能力を備えていることを、ゴムにあるマシュハデ・アルダハールとカーシャーンの高名なるオラマーが承認したことから、聖廟

※訳注49／ナーセロッディーン・シャー……西暦1831~96年。ガージャール朝第4代君主。在位は1848~96年。

准管財人の地位を世襲としてこの者に下賜したものである。同人は全幅の信頼と支援に応え、負託された任務の遂行、寄進財産からの賃貸料や収益の徴収、使用人の俸給支払い、聖廟の修繕等に従事し、これにもとることのないように。偉大なる預言者の末裔《セイエド》である総管財人《モタヴァッリー》アーガー・ミールザー・ナスロッラーおよび監査人アーガー・シェイフ・アフマドは、アーガー・セイエド・モハンマドバーゲルを聖廟の准管財人と認め、職に相応しい敬意を払い、定めに従ってこれを務めとせよ。1312年[※訳注50]ラマザーン月、記す。（『明るい光』45頁）

国のヴァグフ庁[※訳注51]はイラン太陽暦1345年〔西暦1966~67年〕、聖廟の運営および寄進財と寄付・祈願料収入の管理を、大小フィーン両地区とカーシャーンの住民代表7名からなる理事会に委託した。数年後、理事会メンバーは理事長1名、会計担当1名、理事1名の3名に減員となった。理事会の責務は、ヴァグフ庁との協力、廟の行事・財務関係の監督、建造物の保護拡張と修改築、参詣者やアルダハール住民に対する保安設備とサービス施設の提供であった。

※訳注50／1312年……ヘジュラ太陰暦1312年の意。西暦1895年に当たる。

※訳注51／ヴァグフ庁……寄進財を管理する国家の組織で、イラン・イスラーム共和国では、文化・イスラーム指導省の下部組織（寄進・慈善機構）となっている。

寄進財

ソルターン・アリー廟はいくつかの寄進財を保有している。シェイフ・モハンマドバーゲル・マランディーは登記済の証書等を基にその数を16件としている。マランディーの用いた資料によると、寄進財は以下の通りである。

①アルダハールのハーヴェ集落にある水関連の土地や施設の水22ターグのうち20ターグ※原注　②アルダハールにあるケルメ集落のガナートと集落の水24ターグのうち8ターグ　③寄進されたアリーアーバードの耕作地全体※原注　④ホスナールード集落と集落に属する土地のガナートの水2分の1ターグと3サルジェ※原注　⑤バールキャラスブ集落と集落に属する土地にあるガナートの水11サルジェ　⑥アルダハールにあるラーラーン集落と集落に属する土地の水路1ターグ　⑦ゴラーム・キャリームとギャースアーバードの土地　⑧コラジャール集落のディズテシェ耕作地全体　⑨サール集落の水2分の1ターグ

※原注／ターグ……カーシャーンやアルダハールの農業用語で、「ターグ」という言葉は水を測る単位、つまり水を分配する際の時間を測る単位である。1ターグは75サルジェであり、6と4分の1サルジェは現在の時法でいう1時間である。したがって、水1ターグは常に流れている水の12時間分、一昼夜の半分に相当する。

※原注／耕作地……「耕作地 mazra'e」とは、住民や耕作者が水や土地に対する税を支払う義務を負うが、牛税や人頭税（成人が納めていた税）を免除された土地だった。

※原注／サルジェ……フィーンやアルダハールやカーシャーンの農民間で使用された水を測る最少単位。1サルジェは75分の1ターグであり、9分36秒

⑩ターグ・バル・ターグ（グーグー山麓にあるカーシャーンの夏営地ヴァン村の農地の名）の共同耕作地1ダーング※訳注52 ⑪フィーンにあるハーセブの土地1区画 ⑫ジューシャグ集落と集落に属する水路および耕作地7ガダムと2分の1 ⑬廟のパーイェパク内のハーシャーク※原注 ⑭カーシャーンのフィーンにあるセフィーダーブ水路2サフム ⑮カーシャーンのゲイサリーエ・バーザールにある靴店1軒 ⑯アルダハールにあるギャースアーバードの耕作地の水3ターグ。廟の浴場、方池、近隣の住宅用として。（『明るい光』43〜44頁）

近隣住民の租税免除

かつて、シャーロフ・ミールザー（シャーロフ・テイムーリー、ヘジュラ太陰暦779〜850年〔西暦1377〜1447年〕）の時代までは、殉教地のあるアルダハールとソルターン・アリー廟近隣の住民からも、地域の他の村や集落の人々と

間の流水に相当した。その計量容器は銅製で、卵を半分にした形状である。重さ10シールの水が入り、容器の底には穴が開けられていた。イランの農民はこの容器を「ジャーム」「パンガーン、フェンジャーン」「ハンガーム、アンガーム」等の名でよぶ。

※訳注52／1ダーング……土地の持ち分を表す単位。全体を6分割し、その一つが1ダーング。6ダーングはその土地全部を表す。

※原注／ハーシャーク……ペルシア語の辞典にある「ハーシャーク khāshāk」の意味は、「草の茎」「枯れた小枝」「木くずや藁」「ごみ」などである。『ボルハーネ・ガーテ辞典』には、「ハーシェ khashe」は「（動物の）糞」の意との記載もある。アルダハールとカーシャーンの人々

同様、牛税や羊税を徴収するのが通例であった。牛税は雌牛やラバ・ロバなどの四つ足獣を飼う家族から、羊税は乳を出す雌の羊や山羊を所有し牧畜業を営む者から徴収された。敬虔で芸術を好み、エマームザーデや聖地を敬い、一般の人々や農民を大切にしたことで知られるシャーロフ・ミールザーは自らの統治時代に、ソルターン・アリー廟近隣の預言者の末裔《セイエド》や商店主、住民に対して牛税と羊税の支払いを免除した。ティムール朝の王子アボルモエッズ・ミールザー・ユーセフもまた、シャーロフの後、そのやり方を継承した。王子は、アルダハール住民に対する租税免

パーパク内庭のエイヴァーン。写真中央やや下、アティーグ内庭側に抜ける通行口の上に、租税免除の勅令が刻まれた石板が設置されている

は、藁や動物の糞や肥料を「ハーシャーク」とよぶ。昔、家畜を連れてアルダハールにやって来る参詣者や商人たちは、バールキャラスブのシャーズデ・ホセイン廟近くに数年前まで荒れ果てた痕跡が残っていた隊商宿、またはパーパク参道、パーパク内庭、廟の建物の周囲などに、自分たちの動物を繋いでいた。「ハーシャーク」とは、廟に繋がれた動物の糞、乾燥飼料の残りかすを意味した。廟の奉仕者たちはこの「ハーシャーク」を集め、廟や自宅を暖める燃料に使っていた。

※訳注53／アッラーと天使と人々すべての呪いがある……中田考監修『日亜対訳クルアーン』「イムラーン家」87節。

※訳注54／893年……ヘジュラ太陰暦893年の意。西暦1487～88年に当たる。

除の勅令を石板に刻むよう命じ、その銘文を、住民や支配者や農民に通知するため、ソルターン・アリー廟の広大な内庭入口上部に取り付けさせた。今も完全な形で残る銘文の内容は、以下の通りである。

シャーロフ・ミールザー王の治世において、〔第5代エマーム〕モハンマド・バーゲル——彼ニ平安アレ——の子ソルターン・アリー殉教地の預言者の末裔《セイエド》、近隣住民、商店主に対し牛税と羊税を求める下命がなかったことから、万民の王子アボルモエッズ・ミールザー・ユーセフ——アッラーガ彼ノ治世ヲ永遠ニ続カセ給イマスヨウ——は逸脱を避けるため、こう命じた。今後いかなる者も彼らに牛税や羊税を求めてはならない。彼らは明らかに免除されたものであり、これに違反するものは神と預言者と天使の呪いを受けるだろう。それを変えようとする者には、アッラーと天使と人々すべての呪いがある。[※訳注53] モハンマド・マハッラーティー、893年[※訳注54]記す。王の素晴らしき事績なり（マランディー、32〜33頁）。

■

租税免除の勅令銘文は石板に刻まれ、500年以上たっても完全な形で残る

第 3 章

絨毯洗いの祭礼 ガーリーシューヤーン

مناسک قالی شویان

準備

告知の金曜日、一般への呼びかけ

絨毯洗い祭礼の1週間前、通常は秋の最初の金曜日[※訳注1]に、フィーンとカーシャーンで告知の儀式が行われる。住民の間では、この日は「告知の金曜日」として知られ、人々にアルダハールで開催される絨毯洗いの祭礼ガーリーシューヤーン参加を呼びかける日になっている。「告知の金曜日」は、アルダハール平原の殉教者ソルターン・アリーの聖なる大記念祭が近づき、フィーンの人々が集う恒例の日がやって来ることを知らせる。

毎年「告知の金曜日」には、告知人数名がフィーン各地区、カーシャーンのバーザール地区、ハーヴェ集落を出発し、父祖のしきたりに従って独特の節回しの呼びかけを行い、人々に絨毯洗い祭礼の期日とソルターン・アリー廟参詣週の

※訳注1／秋の最初の金曜日……イラン太陽暦メフル月の第1金曜日。西暦では9月下旬の金曜日。

到来を叫んで回る。「絨毯洗い《ガーリーシューヤーン》祭礼の金曜日」の知らせは、ただちに商人や職人、行商人など様々な階層の人々の間で口から口へと伝わり、1日か2日のうちにナタンズ、ゴム、マハッラート、サーヴェ、デリージャーン、ヤズド、アーシュティヤーン、エスファハーンなどの町や村に遺漏なく行き渡る。告知人のメッセージが届くと、願掛けのために毎年この祭礼に参加する参詣者や商人は特に旅の準備を急ぎ、アルダハールでの滞在場所の確保に動き出す。旅にまつわる奔走ぶりは、他のどの階層よりも物売りやバーザール関係者の間で顕著である。彼らは、品物を陳列し販売するため互いに競いあい、儀式が始まる前にバーザールやパーパク内庭などに手ごろなスペースを得ようと奮闘する。

　絨毯洗い祭礼の期日の決定と告知は、フィーンの有力者や長老の役目である。彼らは祭礼の日を通常、秋の第2金曜日に定める。もしその日がタースーアーやアーシューラー※訳注2や信徒の長アリー殺害日など宗教的な服喪日、または預言者モハンマドの召命日※訳注3やアリー生誕日、第12代エマーム生誕日など祝祭日に当たった場合は、行事を1週間前か1週間後に変更する。変更した「絨毯洗い祭礼の金曜日」はメフル月より前であってはならず、メフル月17日以降であってもならない。

　最近では、祭礼の期日を告知する際、イランのすべての町の人々に素早く伝わ

※訳注2／タースーアーやアーシューラー……ヘジュラ太陰暦の第1月であるモハッラム月9日と10日をさす。ヘジュラ太陰暦61年（西暦680年）、キャルバラーの戦いで殉教した第3代エマーム、ホセインとその一党を偲んで、シーア派信徒は哀悼行事を行う。

※訳注3／預言者モハンマドの召命日……ヘジュラ太陰暦の第7月27日。預言者モハンマドが40歳の時、メッカ郊外のハッラー（アラビア語ではヒラー）洞窟に籠っていたこの日に、ジェブラーイール（ガブリエル、アラビア語ではジブリール）を介して、初めて神の啓示を受けたと伝えられている。

るよう、告知人による呼びかけに加え、告知文の印刷と配布をしている。絨毯洗い祭礼のニュースは、大手の新聞にも提供され、あらゆる場所、あらゆる階層に広まっていく。

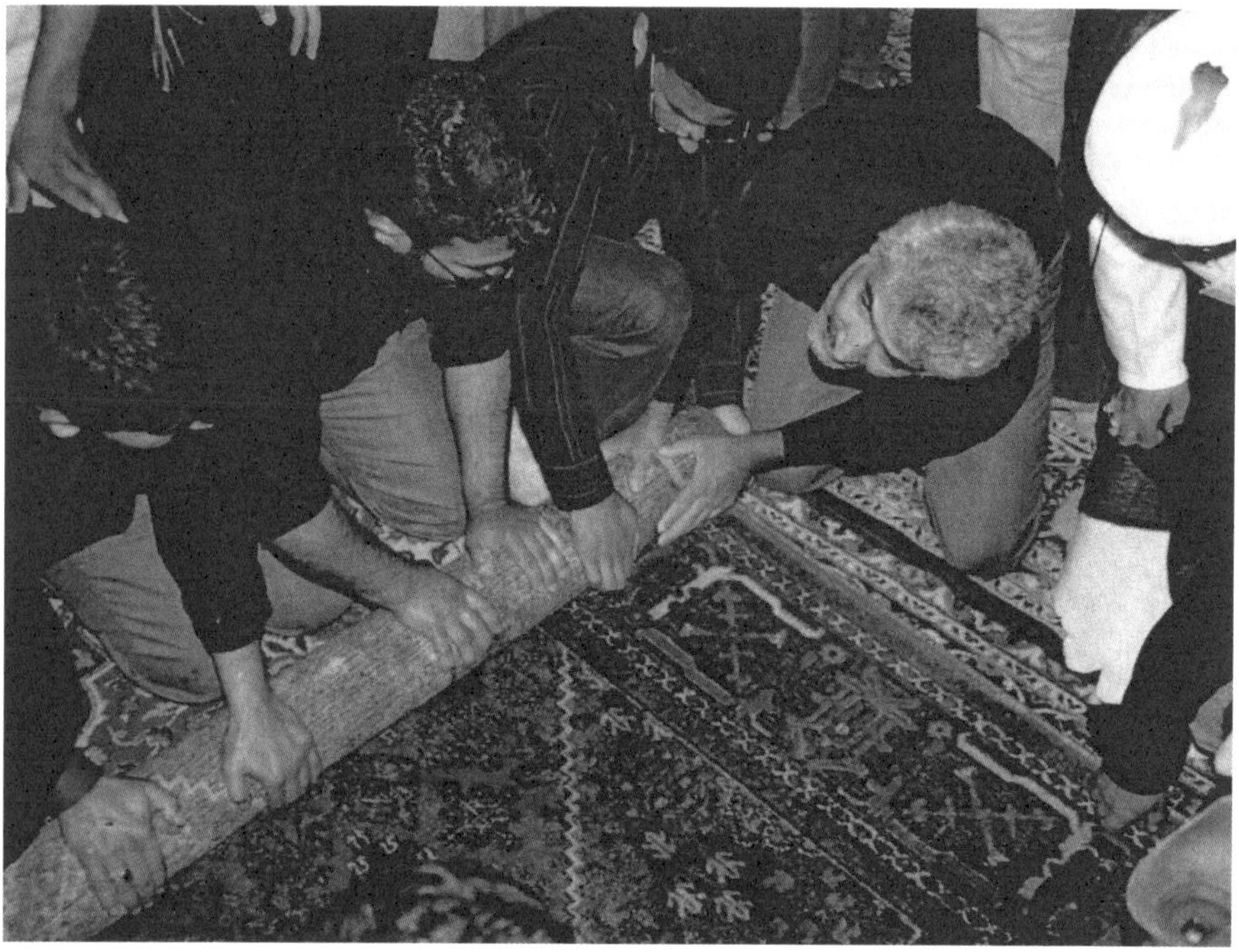

絨毯をたたむことには特別な意味がある

男衆は、アルダハール平原の殉教者に擬えた絨毯を運ぶ

マシュハデ・アルダハールのバーザール

バーザールの歴史

ソルターン・アリー廟の参詣週と同じ時期、アルダハールでは墓廟のそばにバーザールが開かれる。このバーザールは「絨毯洗い祭礼の金曜日」の1、2日前から翌週まで8日から10日の間続く。年ごと、あるいは季節ごとの決まった時期に1日から数日かけて開かれる周期的なバーザール、つまり「定期市」の一つである。マシュハデ・アルダハールのバーザールは他の定期市と同じく、二つの大きな特徴がある。一つ目は信仰と関連をもち、人々が集まるソルターン・アリー廟参詣週の時期に合わせて開かれることである。もう一つは、バーザールの期間に、絨毯洗い儀礼、タアズィーエ劇※訳注4、幕語り※訳注5など、人に見せる形の催しが行われたり、娯楽や気晴らしが提供されたりすることである。

マシュハデ・アルダハールのバーザールは歴史が長く、地元の長老たちが語る

※訳注4／タアズィーエ劇……シーア派エマーム、特に第3代ホセインが殉教したキャルバラーの悲劇を再現する受難劇。

※訳注5／幕語り……宗教に関する出来事や英雄譚の一場面が描かれた幕の前で、語り部が独特の節をつけた言葉でその物語を語る。

上…参詣者や商人はあらゆる方法でマシュハデ・アルダハールにやって来て絨毯洗いの祭礼に参加する
下…調理道具をロバに乗せて持ってくるバーザールの料理人

ように数百年前まで遡る。毎年秋の初めに開かれるバーザールは、あちらこちらの地域から商人や行商人が集まり定期的に出会う場所であった。様々な技術をもつ人たちが、国内外の手工芸品や製品類、食物、菓子、ナッツなどを一般の人々や参詣者に提供した。このバーザールには人々の特質や好みに合うあらゆる商品が並べられた。ガズヴィーンの足裏洗い用軽石からゴムのソウハーン※訳注6、ナジャフアーバード製のナイフ、カーシャーン製のペンチ、アーシュティヤーンの石鹸、ヤズドの結納品、ゴムやナタンズの陶製の碗や壺、カーシャーンの銅製水差しやたらい、プラスチック製の洗濯たらいや水差し、家財道具や台所用品、布地や服地、入浴用のあかすり袋やバスタオル、ナッツや菓子類、大小様々なスコップやつるはしや農具に至るまで、要するにありとあらゆるものが揃っていた。特に目を引く優れた品物は、銅製の器具・容器類と農作業用の道具類であった。アーレアフマド※訳注7はイラン太陽暦1343年〔西暦1964年〕メフル月の絨毯洗い祭礼でこのバーザールを訪れているが、ある露店にはその店だけで10種類ものスコップが売られていたとして、その様子を描写している。（「マシュハデ・アルダハールのメフルガーン」711頁を参照）

マシュハデ・アルダハールの定期市にはローカルで農村的な色合いがあった。

※訳注6／ソウハーン……小麦粉とバターにピスタチオ等を加えたイランの伝統的なお菓子。ゴムのものが有名。

※訳注7／アーレアフマド……西暦1923～69年。イランの作家、社会評論家。

上左…参詣週で賑わうマシュハデ・アルダハールのバーザール／上右…内庭にある露天商の店先
中…聖廟の壁沿いや参道にできる臨時のテント式バーザール
下左…バーザールの露店のスープ売り／下右…料理人たちはポロウやホレシュトの鍋をかまどにかけておく

商品の種類、陳列の仕方、取引の方法などすべてが、キャヴィール塩漠周辺にある村落社会の文化と調和し、地域の様々な人々の趣味嗜好に適うものだった。聖廟の参詣者の多く、特に地元アルダハールとカーシャーンとフィーンからの参詣者は、マシュハデ・アルダハールのバーザールでの買い物は祝福された縁起のよいものと考えていた。参詣者たちは、自らの信仰と父祖の伝統に則ってご利益のある縁起物を持ち帰ろうと、毎年この絨毯洗い祭礼の時期に、家財道具や台所用品、年頃の娘のための嫁入り道具などをバーザールに店を広げている商人から手に入れた。地元の農民も、自分たちの耕作地や果樹農園が恵みを受け収穫が増えるようにと、農機具や灌漑用資材を買い求めた。地元に詳しいハージ・セイエド・アリーは言う。

移動手段がロバなどの動物やその背に乗せる輿であった時代、つまりアルダハールの人々がゴムやカーシャーンやナタンズの町を往復するのに多くの困難を伴った頃、約175あった周辺の村々の農民は皆、町に出ることなくすべての買い物をここですませていた。この場所には繰り返し新しい町が

上…村の広場で行われるタアズィーエ劇。「ソルターン・アリーの殉教」を演じるタアズィーエ劇は
アルダハールの住民や聖廟参詣者にとって大いに興味をそそられるものである
中…幕語りに集い演者の語る殉教者たちの長エマーム・ホセインの悲劇を聞くことは、
信者の魂に安らぎを与える
下…絨毯洗い儀礼の前後に、子どもや若者は大道芸やゲームを楽しむ

生まれ、バーザールが開かれたものだった。人々は参詣と行楽のために訪れ、家にあるものはすべてここで買っていた。台所用品や娘を嫁がせるために必要な品物、銅製品、寝具、布地などあらゆる物を買い求めた。今でもご覧のとおり、バーザールは昔のままのスタイルだ。しかし、売り上げは落ちている。なぜなら、どの村にも町へ出るための交通手段や自家用車があるからだ。

構成と演《だ》し物

商人の中にはアルダハール到着後、いくつかある内庭の小部屋、またはパーパク内庭やバーザールの区画を借りて品物を山積みにする者もいれば、廟の周辺や参道に設けられた屋台やテントに商品を並べる者もいる。料理人、肉屋、パン屋、コーヒー売りなどはたいてい、ゴム、カーシャーン、エスファハーン、サーヴェ、ナタンズ、テヘランなどの町からアルダハールにやって来て、バーザールやパー

※訳注8／チェロウ・ホレシュト……長粒米のライスと煮込み料理。

※訳注9／アーシュ……野菜、豆類、香草を煮込んだイランの伝統的なスープ。

※訳注10／タフトゥーン……ナーンの一種。平べったく丸い形に焼き上げる。

※訳注11／コーヒー店……エチオピア原産とされるコーヒー豆から作られるガフヴェ（アラビア語ではカフワ）がいつ頃イランに招来されたのかは判然としないが、恐らくは、16世紀頃のことと考えられている。コーヒーを嗜む習慣は、当初はサファヴィー朝の宮廷文化のひとつであったが、次第に庶民の間にも浸透し、18世紀を通して、最も一般的な嗜好品であった。しかし、19世紀の半ば以降、より廉価なお茶が招来され、さらに20世紀に入ると、ギー

パク内庭にある区画、あるいは聖廟の周辺に散らばる屋台やテントに陣取って、参詣者や商人たちの飲食物を準備する。

　ある小部屋ではチェロウ・ホレシュト※訳注8、別の小部屋ではキャバーブ、またあるテントではアーシュ※訳注9、別のテントではハツやレバーを調理して並べる。ある区画では肉屋の親方が羊を肉切包丁でバサバサと捌き、別の区画ではパン職人が熱い窯でタフトゥーン※訳注10を焼く。コーヒー売りが屋外のコーヒー店※訳注11で陶製や真鍮製の大小のポットを真鍮や洋銀のサモワール※訳注12の上に置き、炭の準備の整った水タバコを並べて、参詣者たちをお茶と水タバコでもてなす。内庭やバーザールのあちこちに伝統的な薬種商が店を広げ、混合薬のビンや、薬用の種と草の入った缶や袋を並べている。こうした薬種商の露店ではマンナ、鹿子草、ナツメ、イヌヂシャ、ホウライシダ、チコリの根、ルリジサの花、スミレの花、タチアオイの花と根などの薬草であれ、カニやラクダコブの丸薬、雌雄の藻玉、ハフト・トルシー※訳注13、カモシカと雌ロバの糞の丸薬などの調合薬であれ、あらゆるものが豊富に手に入る。

　このバーザールの隣ではもうひとつのバーザールが賑わいを見せている。そこでは、殉教劇や幕語りを演じる語り物師たちの芸が、参詣者を引き寄せているのだ。タアズィーエ劇や宗教画を見たり、殉教者たちの悲劇的な物語の読誦を聞い

ラーンでのお茶の栽培が本格化したことで、一気にコーヒーは駆逐されていった。その結果、コーヒーを提供していた場所の名称だけがそのまま残り、ガフヴェハーネでお茶（チャーイ）を供するといった風情が生まれることとなった。

※訳注12／サモワール……中央アジア発祥といわれる給湯器。下部には湯を注ぐ蛇口が付いており、上部にはティーポットを置く。

※訳注13／ハフト・トルシー……シーリーン（甘い味）ではない、つまりトルシ（酸っぱい、辛い味）である7種類の香辛料（シナモン、ソマーグ、生姜、黒胡椒、赤胡椒、ターメリック）のことで、マシュハドの「7色香辛料」が有名。

たりすることは、アルダハールの住民や参詣週に聖廟を訪れる人々を魅了する楽しみの一つである。宗教劇の語り部は、毎年「絨毯洗い祭礼の金曜日」の行事が行われる1日か2日前にアルダハールにやって来て、時には「絨毯の初七日」、つまり「ネシャルグ住民の金曜日」まで逗留することもある。

　語り部たちは連日、アルダハール平原の野外でキャルバラーの悲劇の一幕を披露する。「エマーム・ホセインの殉教」「アッバースの殉教」[※訳注14]「殉教者ホル」[※訳注15]「ガーセムの殉教」[※訳注16]「ゼイナブ」[※訳注17]「ソルターン・アリーの殉教」などは、筆者がアルダハールに滞在したイラン太陽暦1339年〔西暦1960年〕メフル月の参詣週に演じられていたタアズィーエ劇の例である。「ソルターン・アリーの殉教」を演じることは、その生涯やアルダハール平原の出来事、非情な者たちの手にかかった殉教の様子などを人々に広く伝えるという意味をもち得るのだろう。

　マシュハデ・アルダハールの定期市では、抜け目なく機を見るに敏な者たちが、見事な芸や技を利用して空き時間に人々を楽しませようと、奇術、手品、蛇使い、手相見、占いなどの見世物や、さいころゲーム、キャマルバーズィー[※訳注18]などの勝負事を行う。こうした大道芸やゲームは、巧みな手さばきやトリックを使って、世間慣れしていない純朴な村の若者を幻惑し、魅了するのである。

※訳注14／アッバース……エマーム・ホセインの異母弟。キャルバラーの戦いで殉教。

※訳注15／ホル……当初敵方の司令官であったが、キャルバラーではエマーム・ホセイン側で戦い、殉教した。

※訳注16／ガーセム……シーア派第2代エマーム、ハサンの息子。キャルバラーで殉教。

※訳注17／ゼイナブ……シーア派第3代エマーム・ホセインの妹。キャルバラーで捕えられ、ダマスカスに連行された。

※訳注18／キャマルバーズィー……イランの古い遊び。二つのグループが円の外側と内側に分かれ、地面に置かれたベルトを奪い合うゲーム。

ガーリーシューヤーン

絨毯の金曜日、
絨毯洗い祭礼の日

秋の第2金曜日は、アルダハールで開催される「絨毯洗い祭礼の日《ガーリーシューヤーン》」である。この日は地域の人々の間では「絨毯の金曜日」として知られており、毎年通常はメフル月の9日から15日※訳注19の間に当たる。もしその金曜日が宗教的な服喪日や祝祭日、あるいは歴史的・政治的に重要な事件の日と重なった場合、絨毯洗い祭礼の行事はその前後の金曜日に行われる。

「絨毯の金曜日」には、キャヴィール塩漠周辺の集落をはじめイラン全土の町や村から数万人の男女が絨毯洗い儀礼に立ち会って、その伝統行事を見物しようとアルダハールに集まってくる。イランの中でもキャヴィール塩漠周辺に暮らす住民は、毎年秋の初めの絨毯洗い儀礼参加とソルターン・アリー廟参詣を自らの宗教

※訳注19／メフル月の9日から15日……西暦10月1日から7日頃。

استان مقدس امامزاده حسین ابن امام زین العابدین علیه السلام

88頁右……シャーズデ・ホセイン廟入口のエイヴァーン
88頁左……シャーズデ・ホセイン廟の水辺
89頁左右…シャーズデ・ホセイン廟のザリーフ（棺の周囲に設置する格子状の箱）

的義務の一つと捉えている。この敬虔な巡礼者たちは、ソルターン・アリー廟に参詣し儀礼に参加する御利益が、キャルバラーへ行き、ソルターン・アリーの偉大なる祖先であるエマーム・ホセインの聖廟への巡礼を行うことに等しいと考えている。

この日、アルダハールのソルターン・アリー廟とバールキャラスブ集落のシャーズデ・ホセイン廟の内庭にあるシャベスターン〔礼拝所〕、小部屋、個人専用の休息所、そして周辺の集落の家々はことごとく、参詣者と見物客で溢れかえる。平原や山裾にテントを張ったり、参詣地周辺に粗布を敷いたりして、場所を確保する参詣者や旅行者もいる。

絨毯洗いの儀礼

金曜日の朝、男たち、特に家族と一緒にあらかじめアルダハールに来てシャーズデ・ホセイン廟附属の建物や小部屋に滞在している小フィーン（下フィーン）地区の若者たちは、それぞれ削り出した専用の棒を手にし、一部の者は黒いシャツを身に着け、シャーズデ・ホセイン廟の内庭にある水辺へ行き、列を作る。時

上…聖廟の参詣者は、風呂敷や旅行鞄を手に町や村からマシュハデ・アルダハールにやって来る
下…参詣者は涸れ川の川床や山裾にテントを張り、1日から数日間の短い滞在のために粗布を敷く

を同じくして、やはり家族とともにソルターン・アリー廟のサルダール内庭附属の建物や小部屋に宿泊している大フィーン（上フィーン）地区の男たちも棒を手に内庭に集まり、揃って小フィーンの若者を迎えにシャーズデ・ホセイン廟へ行き、両地区の男たちが合流する。この時、フィーンの有力者数名が棒を手にした男たちから献金を集める。

寄付集めが終わると、フィーン両地区の人々は大きな一つの隊列になって、ソルターン・アリー廟に向けて出発する。隊列の人々は棒を頭上に振り上げ「ヤー、ホセイン、ヤー、ホセイン〔おお、ホセインよ〕」と言いながら、二つの廟の間を谷あいにある涸れ川の川床に沿って800mほど練り歩く。

フィーン住民の隊列は、谷側の道から廟の南門をくぐり、パーパク内庭に入場する。この内庭にしばらく留まり、「アーラーンの大足野郎 pāpahnak ārānī」とののしった後、パーパク大階段からアティーグ内庭に進む。何千人もの参詣者や見物人が内庭の小部屋や塀の上、廟や附属の建物の屋上に集まり期待の眼差しを向ける中で、隊列は密集状態になり「ホセイン、ホセイン」と言いながら、棒を振り上げる。この時、ヴァグフ庁代表、当局の高官、地元の有力者、廟の重鎮らが墓所南側のエイヴァーンに立ち、フィーン住民の隊列を迎える。それから説教師

上…棒を手にしたフィーンの若者たちは、シャーズデ・ホセイン廟内庭の水路脇に列を作る
下…棒を手にしたフィーンの人々や参詣者たちがアティーグ内庭に集まる

が講話を行い、ソルターン・アリーの功徳について演説をする。最後は殉教者たちの長エマーム・ホセインの悲劇に言及して演説を締めくくる。

演説が終わると、フィーンの長老の一人がフィーンの人々から集めておいた献金を心付けとして聖廟で働く奉仕者の長である総管財人に渡し、廟の中からソルターン・アリーの特別な絨毯を持ってきてくれるよう依頼する。廟に仕える者たちは丸めて黒い布に包んだ絨毯を聖所《ハラム》※訳注20から持ち出して、フィーンの有力者たちに託す。フィーンの若者たちは絨毯を見ると感情を高ぶらせ「ヤー、ホセイン、ヤー、ホセイン〔おお、ホセインよ〕」と大声で叫びながら殺到し、長老たちから絨毯を受け取る。若者たちは棒を持った大勢の男衆に守られて、絨毯を肩に担いだり手に抱えたりしながら、群衆の間を抜けて、アティーグ内庭からパーパク内庭へと運ぶ。それから、葬列を模す者たちはやってきた同じ道を「ガダメ・サイー」、つまり早足、急ぎ足で、時には走り、大声で騒ぎながら、絨毯を〔川を挟み〕ソルターン・アリー廟の反対側にあるシャーズデ・ホセイン廟の水辺へと持っていく。絨毯を「ガダメ・サイー」で水辺に運ぶ行為は、メッカの暑く乾いた沙漠でハージャルがエスマーイールを水源に連れていこうと奮闘した故事に倣っている。※訳注21

絨毯を運ぶ隊列の先頭を、カーシャーンのチェヘルへサーラーン地区出身者で

※訳注20／聖所（ハラム）……ハラムは聖地、聖域の意。ここでは廟内のソルターン・アリーの墓所がある建物をさす。

※訳注21／メッカの〜倣っている……ハージャルは預言者エブラーヒームの女奴隷。伝承では、置き去りにされた沙漠で幼子のエスマーイールを抱え、水を求めてさまよったという。

フィーン住民の隊列は絨毯をバールキャラスブ集落の広場にあるシャーズデ・ホセイン廟の水辺へと運ぶ

ある中年男性が馬に乗って進む。男性はカシミヤの礼拝用絨毯《ジャーナマーズ》を一枚、右肩に打ち掛けて運んでいく。絨毯はソルターン・アリーの礼拝用絨毯《ジャーナマーズ》を表し、このチェヘルヘサーラーンの男性は礼拝用絨毯を運ぶ役割を担った者の子孫と考えられている。礼拝用絨毯の運び手に続いて、ハーヴェの人々が緑の布※訳注22で覆われた旗竿《アラム》を掲げる。フィーンの集団と絨毯運びの隊列も「アッラーホ・アクバル〔アッラーは偉大なり〕」「ホセイン、ホセイン」と叫びながら旗竿《アラム》の後ろを進み、次々と棒を宙に向かって突き上げる。

フィーンの若者の集団が常に隊列に同行し、通行するスペースを確保する。途中の道ではあちらでもこちらでも、願掛けのためにその血肉が捧げられる羊や子牛を、屠殺人が絨毯の運び手の足元で犠牲として屠っていく。

フィーンの男たちは興奮し、地縁血縁集団の連帯感や激情に突き動かされ、誇りと達成感をみなぎらせてあちらこちらへと走り回り、「アッラーホ・アクバル」「ヤー、ホセイン、ヤー、ホセイン」と叫びながら、棒を空に向かって振り回す。フィーンの人々は、血の復讐のために敵の城砦に攻め入った怒れる部隊を模している。踏みつけられた足もとからは土埃が舞い上がって人々を覆い隠し、若者たちはその纛の向こうで波のように揺れる棒を手に進む。隊列は谷あいの通路を進

※訳注22／緑の布……預言者モハンマドの旗は緑色であったという伝承がある。

む荒れ狂った水流のように、水辺に達しようとあらゆる障害物をいとも簡単に押しのけていく。絨毯を運ぶ者たちは水辺まで来ると、絨毯を地面に下ろし、その周りで輪になり、棒を宙に振り回す。ここで、ソルターン・アリーの絨毯を象徴的に洗う行為の前に「呪いの儀式」が行われる（101頁「呪いの儀式」を参照）。絨毯を洗うため、つまり殉教者の絨毯に沐浴《ゴスル》を施すため、フィーンの人々は手にした棒の先端を水に浸して引き上げ、水滴を絨毯や周りに立っている人たちに振りかける。このようにして、アルダハール平原の殉教者になぞらえた絨毯を象徴的に洗い浄めるのである。

　沐浴の所作が終わると、絨毯は再び肩に担がれ、ソルターン・アリー廟東側の入口に繋がるアルダハール山麓の道を通り、フィーン住民の内庭であるサルダール内庭に運ばれていく。絨毯が戻される道すがら、運び手の前を進むハーヴェやフィーンの隊列や、棒を持つフィーンの人々は、胸を打ち、声を揃え静かに重々しく哀歌を謡う。棒を手にした者たちは移動の間中、その棒を振り声を上げて、人々が絨毯に近づいて手を触れないようにする。もしも参詣者や見物人が、ご利益を求めて大胆にも不可侵の「タブー」を破り境界を越え、フィーンの伝統と慣習に反して絨毯に手を伸ばすことがあれば、何十本もの棒がその頭上や顔に向か

98頁上下…棒を手にしたフィーンの人々は水辺で、頭や胸を打ち大声をあげながら、絨毯を洗う
99頁上…水辺からソルターン・アリー廟へ、洗った絨毯を戻すフィーンの隊列
99頁下…サルダール内庭。フィーンの若者たちは内庭のエイヴァーンに集まり、手にした棒を振り回して威嚇し、ハーヴェの人々に絨毯を引き渡すのを拒む

って打ち下ろされるだろう。

サルダール内庭に入ると、絨毯はフィーンの人々の手で数回方池の周囲を回った後、エイヴァーン内の壇上へと運ばれる。エイヴァーンでは、到着を待ちかねていたフィーンとハーヴェの長老数人が、絨毯を受け取ろうと運び手の方へ進み出るが、若者たちはこれを拒み、長老たちを近づけないように棒を振り回す。小競り合いが続いた後、ついに緊張の瞬間を迎え、「ホセイン、ホセイン」と「アッラーホ・アクバル、アッラーホ・アクバル」の叫び声と喧騒の中、フィーンの長老たちは絨毯を奪い取り、ハーヴェの代表に引き渡す。ハーヴェの人々は特別な作法と敬意をもって絨毯を聖所《ハラム》内に運び、聖廟に仕える者たちに託す。

絨毯洗いの儀礼は、午後1時頃、悲嘆に満ちた雰囲気の中、目に涙を溜めた数千人の人々の前で終了する。それから、隊列の者たちはソルターン・アリーの墓に詣でるため聖所《ハラム》へ向かう。参詣者と見物人は解散し、昼食や休憩のため、屋台やテント、それぞれの滞在場所などへと戻っていく。

呪いの儀式

以前、シャーズデ・ホセイン廟の水辺ではジューシェガーネ・エスタルク（サルケ・ジューシェガーン）集落出身で代々呪詛役を務める家系の男性が高台や説教壇に上がり、祈祷と呪詛を行っていた。まずは、よく通る抑揚のある声で、ソルターン・アリーおよびフィーンとハーヴェの人々の祖先を讃え祈りを捧げ、その霊を慰めるため慈悲と赦しを求める。次に、エマーム・ホセインとキャルバラーの殉教者とソルターン・アリーを殺害した者たちを呪い、悪し様に言う。迫害や圧制を行った集団の長や指導者たち、また、当時ソルターン・アリーを葬り去るために敵に手を貸した者たち、あるいは敵と戦うソルターン・アリーへの援助を惜しみ彼を助けなかった者たちなど、要するに、ナラーグ、コラジャール、ネシャルグのすべての指導者を呪った。棒を手にしたフィーンの住民や水辺に集まった人々は、祈祷や呪詛の言葉に続けて、声を揃え大きく「アーミン〔そのとおりだ〕」「ビーシュバード〔もっとだ〕」と唱え、若者たちは無慈悲な偽善者を威嚇するため、手にした棒を振り回した。

呪いの儀式は、絨毯洗いの儀礼の中でも特に気分が高揚し盛り上がる場面の一つである。呪いの言葉は韻を踏んだ口語体で、父から子へと口述で伝えられてきた。以下、長文の呪詛文から呪いの言葉をいくつか引用する。これはイラン太陽暦1355年〔西暦1976〜77年〕にジューシェガーン出身で70歳を超える呪詛役ガダムアリー師が自宅で語った言葉を筆者が書き取ったものである。

小さき者から大人まで、皆の衆！
お聞き届けあれ、繰り返し申し上げる
ヤズィードとそれに従う者たちに
いつのときも大いなる呪いあれ！
皆の衆！犬畜生どもに呪いあれ……
残念なるかな、360名のナラーグの者ども
ナラーグの長老に呪いあれ！
ザッリーン・キャフシュとその言葉に呪いあれ！
彼《か》の犬畜生どもの頭と髭に呪いあれ！※原注

呪いの儀式が廃れてから数年が経ち、絨毯洗い儀礼の中でこの儀式を行う者はもういない。現在は、フィーンの人々がソルターン・アリーの絨毯を水辺に持っていく

※原注／〜呪いあれ！……フェイズも『フィーン住民回避の書』という名の呪詛文ついて伝えている。『ゴムの遺宝』第2巻41〜43頁を参照。

と、ただちに喧騒の中で絨毯を洗う儀礼、つまり殉教者の絨毯の沐浴が行われている。

金曜日の日没

金曜日の夕刻になると、各地からアルダハールに来ていた人々のうち、参詣者と見物人の大部分、それに一部の商人たちは、荷物をまとめ店をたたんで、それぞれの町や村に帰っていく。その後アルダハール平原や山麓を眺めれば、至る所に一群の人々のあわただしく雑然とした仮の生活や逗留の痕跡を見ることができるだろう。

参詣者や商人の中には、翌週の金曜日、つまり「絨毯の初七日」の行事が行われる「ネシャルグ住民の金曜日」までアルダハールに残る者もいる。「絨毯の金曜日」から「ネシャルグ住民の金曜日」までの1週間は「参詣週」とよばれるが、この間は、同業者組合などの集団がサルダール内庭とアティーグ内庭でロウゼ語り※訳注23の集会を開き、殉教者たちの長エマーム・ホセインをはじめとするエマームたちへの哀悼儀礼や胸打ちの行事で人々の心を満たし、退屈させることがない。

※訳注23／ロウゼ語り……エマーム・ホセインの殉教について朗詠すること。聴衆が朗誦師を取り囲み、キャルバラーの悲劇を追体験する。

小型のナフル。初七日儀礼で、隊列を組んだネシャルグの人々がアティーグ内庭を曳き回す

絨毯の初七日

ネシャルグ住民の金曜日、服喪の日

「絨毯洗い《ガーリーシューヤーン》祭礼の金曜日」の翌週の金曜日は「ネシャルグ住民の金曜日」「絨毯の初七日の金曜日」として知られている。この日ネシャルグ、またはネシャルジ※訳注24集落の人々がアルダハールにやって来て、ソルターン・アリーの殉教初七日の行事をその墓廟で個別に執り行う。

ネシャルグの人々は、ソルターン・アリーの初七日儀礼と、その儀礼がネシャルグ住民に委ねられたことについて独自の解釈をしている。彼らは言う。「われわれの祖先は、残忍な不信心者と戦っていたソルターン・アリーの救援に間に合わず、殉教した彼の葬儀もおろそかにした。そのため、殉教と埋葬の翌週の金曜日に墓に詣でその死を嘆き、哀悼の儀式を行った。それ以来毎年、われわれネシ

※訳注24／ネシャルグ、またはネシャルジ……neshargまたはneshari。ペルシア語においては「g」と「j」の子音の転換が起こる。現在の集落は「ネシャルジ」の名でよばれる。

ャルグの住民はその日を偲び、祖先の行いを再現しようと、絨毯洗い祭礼の金曜日の1週間後、つまり、通常秋の第3週※訳注25にアルダハールを訪れ、ソルターン・アリーの初七日儀礼を執り行っている」。

初七日儀礼

ネシャルグの人々はたいてい、黒や濃暗色のシャツを身に着けて、初七日儀礼に参加する。彼らは金曜日の朝、アティーグ内庭に集まり、隊列をつくる。隊列の人々は参詣者の前で胸を打ち、哀歌を謡い、ナフル※訳注26を曳き回す。胸を打ち哀歌を謡う者たちを一人の「音頭《ミャーンダール》」が先導する。黒い覆いの掛かった小さなナフルを若者たちが肩に担ぎ、内庭の方池の周囲を練り歩く。胸を打つ者たちがナフルに続く。宗教的な文言を誦み胸を打ち、悲嘆に満ちた雰囲気をつくり出す。

初七日儀礼に参加するのは、絨毯の金曜日以降もアルダハールに滞在していた参詣者やバーザール関係者を除けば、ネシャルグ集落の住民とアルダハールの各集落からやって来た人々である。彼らは廟の参詣と初七日儀礼参加のため朝早くやって

※訳注25／秋の第3週……イラン太陽暦メフル月第3週の金曜日は、西暦10月8日～14日頃。

※訳注26／ナフル……宗教的な哀悼行事などの際、飾りつけを施して担ぐ木製の構造物。神輿、山車。初七日儀礼に使用されるナフルは、マジドッディーン内庭南側に安置されている。

来て、夕方儀式と参詣が終わると、各々の家に帰っていく。絨毯洗い祭礼の数日前から来ていた露天商やバーザール関係者や参詣者も、初七日儀礼の終了とともに、ソルターン・アリーの墓所を廟の奉仕者や近隣住民に託して、殉教地アルダハールを後にする。■

第 4 章　殉教譚と服喪儀礼の起源を考える

ریشه شناسی واقعهٔ شهادت و سوک

イラン神話時代の殉教譚

イラン・ザミーン※訳注1の文化には常に傑出した英雄や完全無欠の人間が存在した。イラン神話に登場する優れた英雄であり、古代イラン人にとって非の打ち所のない人間の代表格はスィヤーヴァシュである。

スィヤーヴァシュはイランのカーヴース王の息子であり、イラン随一の英雄ロスタムの手で育てられた。トゥーラーンの王アフラースィヤーブを戦いで打ち破り、寛大な心で和睦を結ぶ。アフラースィヤーブ王はスィヤーヴァシュの男気と勇敢さに心打たれ、娘のファランギースを妻として与える。しばらくの間スィヤーヴァシュは穏やかで幸せな生活を送る。アフラースィヤーブの弟、将軍ギャルスィーヴァズは偉大さでも寛容さの点でもスィヤーヴァシュに及ぶべくもない人物だった。ギャルスィーヴァズはスィヤーヴァシュを妬み、偽りの言葉でアフラースィヤーブ王の心に悪意の種をまき、スィヤーヴァシュを疑うよう仕向ける。ついにアフラースィヤーブ王は、この勇敢で清い心をもつスィヤーヴァシュの首

※訳注1／イラン・ザミーン……現在のイラン・イスラーム共和国が位置するイラン高原地域に、アフガニスタン、タジキスタン・ウズベキスタン・トルクメニスタンなどの中央アジア地域、メソポタミア、パキスタン、カシミール、カフカース、アナトリア東部などを加えた広域をイランではイラン・ザミーンあるいはイラン・シャフル（ともにイランの地の意）、または大イランとよぶ。これは、歴史上、イラン高原を拠点とする歴代の政権による政治的支配が及んだ地域に当たっており、結果として、多くの文化的共通性が見られることから、イランでは一つの歴

をはね、無実の血を大地に滴らせる。
スィヤーヴァシュの死に、イラン人は怒り、心を痛めた。ロスタム率いる勇敢な部隊がスィヤーヴァシュのため血の報復に立ち上がり、卑劣な殺害者たちと戦う。この戦闘では、スィヤーヴァシュの仇を打ち邪悪な者らを葬り去るために、多くの人々が命を落とすのである。

スィヤーヴァシュは、イラン文化の中では神秘的な人物と見なされ、精神的・霊的な特性を備えていた。スィヤーヴァシュが火を無事にくぐり抜けたこと、父がわが子の死に際して「高潔なるスィヤーヴァシュを殺したのはアフラースィヤーブではなく、この私だ！」と語ったこと（エブネ・バルヒー、33頁）、ミトラ神※訳注2と女神アナーヒター※訳注3が彼の葬儀に参加したこと、殺害された後「強い風が吹き始め、塵が激しく舞い上がり、あたり一面が深い暗闇に沈んだ」とサアーレビーが伝えていることなど、これらすべては、スィヤーヴァシュという神話上の人物がいかに気高く、イラン社会においては神々しいまでの存在と考えられていたかを示している（ヤールシャーテル、131〜132頁）。

スィヤーヴァシュの死によって、イラン・ザミーン文化の奥底に聖なる殉教神話が形作られた。ボハーラー※訳注4の人々は長きにわたって、彼の死に哀悼詩を捧げ、

史的文化圏として認識されている。事実、イラン・サミーンではペルシア語およびその類似語が広く用いられており、ペルシア語文化圏とよばれることもある。また、イラン・ザミーンの諸地域では、新年の祭り（ノウルーズ）が共通して広く執り行われていることでも知られる。

※訳注2／ミトラ神……ペルシア神話に登場する英雄神。ゾロアスター教の聖典やアケメネス朝の碑文にもその名が現れる。ミトラ（ミスラ）神は契約の神であったが、のちに太陽神と同一視された。

※訳注3／女神アナーヒター……ゾロアスター教の女神。水をつかさどり、多産、豊穣の神でもある。

※訳注4／ボハーラー（ブハラ）……現在のウズベキスタンにある町

パンジャケント〔ペンジケント〕の壁画の一部。スィヤーヴァシュの哀悼儀礼で輿を運ぶ場面を表している
(『中央アジアの考古学』より)

朗詠師は服喪儀礼で「スィヤーヴァシュの恨み」という一篇を詠った。人々は毎年殉教日にはスィヤーヴァシュゲルドにある墓に詣で、墓前で涙を流し、犠牲を捧げた（ナルシャヒー、24、32〜33頁）。

　スィヤーヴァシュの哀悼儀礼では、彼に似せた像を作り、アマーリーやマフメルとよばれる輿の中に置いた。四方に開いたこのアマーリーやマフメルを肩に担ぎ、嘆き悲しみ、胸を叩きながら町の通りを練り歩いた（フルムキン、122〜124頁）。サーデグ・ヘダーヤト※訳注5の報告によると、半世紀前までコフギールーイェのロル族※訳注6の女性たちは、親族の死を悼む行事の際、泣き声を上げ、悲しみに満ちた曲を歌ったという。こうした哀歌はその土地の言葉で「スー・スィヤヴァシュ」、つまり「スィヤーヴァシュの哀悼」とよばれた（ヘダーヤト、355頁）。

※訳注5／サーデグ・ヘダーヤト……西暦1903〜1951年。イランの作家、翻訳家。

※訳注6／ロル族……イラン南西部の山岳地帯に居住する部族。

イラン・シーア派史における殉教譚

クーファ（※訳注7）のシーア派有力者と指導者数名が〔第3代エマーム〕ホセイン・エブネ・アリーに書簡を出す。「今われわれには指導者がおりません。おいでください。きっと神はあなたを介してわれわれに神の心を知らしめようとなさっておいでなのです」（タバリー、第7巻2923頁）。書簡はオベイドッラー・エブネ・サビー・ハメダーニーとアブドッラー・エブネ・ヴァダーク・ソッラミーの2名によりホセインに届けられる（ディーナヴァリー、253頁）。エマーム・ホセインはクーファへ出発する前に、その町がどのような状況にあり、シーア派信徒の忠誠心がどれほどのものかを知るため、モスレム・エブネ・アギールを遣わす。

ホセインは、ある伝承によると騎馬の者40名と徒歩の者100名とともに（ハムドッラー・モストウフィー、263頁）、また別の言い伝えによれば騎馬の者32名と徒歩の者40名を伴って（タバリー、第7巻3020頁）、クーファに向けて出発する。キャルバラーに着くや、荒野に天幕を張る（タバリー、第7巻2973頁）。エマーム・ホセインと彼に従った72名が

※訳注7／クーファ……西暦7世紀イラク南部のユーフラテス川西岸に建設された町。

キャルバラーで殉教したのは、ヘジュラ太陰暦61年〔西暦680年〕の出来事である。エマーム・ホセインはモハッラム月10日（アーシューラー）の金曜日、暴虐者の軍と戦い、ゾフル礼拝と恐れの祈り[※訳注8]を捧げた後、殺害される（タバリー、第7巻3020頁、バルアミーa、269頁、エブネ・アスィール、第5巻181頁）。

殉教から一昼夜が過ぎ、オマル・エブネ・サアドはホセインの首を従者に持たせ、オベイドッラー・ズィヤードのもとに送り、オベイドッラーはそれをシャーム[※訳注9]にあるヤズィードの宮廷に献上する。一説によれば、エマーム・ホセインの首は〔息子である第4代〕エマーム、ゼイノルアーベディーンに託され、ゼイノルアーベディーンはホセインの首をキャルバラーにあるホセインの遺体脇に埋葬する。別の説によれば、エマーム・ホセインの首はメディナに運ばれ、母親であるファーテメの墓の隣に葬られたという。また、頭部が葬られたのはダマスカスのファラーディース門の近くであるという記録もあれば、カイロにある「ホセインの墓」という名の場所であったともいわれている（バースターニー・パーリーズィー、236～243頁）。

ホセインと従者たちの遺体は、殺害の翌日（エブネ・アスィール、タバリー）、または3日後に、ユーフラテス河畔にあるガーゼリーエ村[※訳注10]からやってきたバニー・アサド族[※訳注11]の人々が、キャルバラーの荒野に埋葬した（バルアミーb、37頁）。別の言い伝え

※訳注8／ゾフル礼拝と恐れの祈り……毎正午（ゾフル）に行う礼拝と、敵と対峙するなど特殊な状況下での礼拝。「恐れの祈り」は、預言者モハンマドが戦闘中2組に分かれて交代で礼拝を行った伝承による。

※訳注9／シャーム……通常、シャームといえば、歴史的シリア〈現在のシリア、レバノン、ヨルダン、イスラエル、パレスチナを含む地域〉をさすが、ここではその中心都市であるダマスカスのことであろう。

※訳注10／ガーゼリーエ村……キャルバラー近郊の村。原文の「ハーゼリーエ hāzeriye」は誤りか。

※訳注11／バニー・アサド族……アラブの一部族。

※訳注12／デイラム人……イラン北部のカスピ海南岸の山岳地帯（デイラム）を

では、ホセインの遺体はボロボロのむしろの上に置かれ、浄めも死装束も施されることなく埋葬されたという（アーレアフマド、712頁）。

エマーム・ゼイノルアーベディーンは、荒野の旅人やクーファの住民が場所を探して巡礼に行けるようにと、父の墓の上に印をつけた。この印は〔第6代〕エマーム・サーデグの時代まで残存していた。エマーム・サーデグは墓の上に4アーチ式の覆屋を造り、後にデイラム人※訳注12が、その上にドームと墓廟を建造した（キャティーラーイー、442頁）。

ホセインへの援助を断り、殺害者側に協力して戦ったクーファ人の一団は、キャルバラーの悲劇の後、自らの行いを悔い改めた。そして、このタッヴァービーン〔罪を悔いる者たち〕であるクーファ人の一団はともに、無実の血を流したホセインのために蜂起し、殺害者たちを討ち取り、ホセインの敵に対する報復を遂げた（エブネ・テグタギー、163頁）。

以後今日に至るまで、毎年モハッラム月13日エマーム・ホセインのアーシューラー※訳注13の日に、バニー・アサド族の人々はキャルバラーの殉教者たちの葬送儀礼を執り行っている。この日キャルバラーにあるエマーム・ホセインの墓前に集まり、鋤やツルハシを担ぎ、早足の隊列行進を行って、エマームを悼む（アーレアフマド、713

住地とする人々。歴史的には、戦闘能力（特に接近戦）に優れていることで有名で、サーサーン朝を初め、後続のイスラーム諸政権に傭兵として雇われた。9世紀になると、その一部はゼイド派イスラームを、後にはエスマーイール派（ネザール派）を受け入れた。また、10世紀から11世紀にかけては、アッバース朝カリフを傀儡として、イラン高原のほぼ全域とメソポタミアを版図とするブーヤ朝を打ち建てた。

※訳注13／モハッラム～アーシューラーの日……「アーシューラー」はアラビア語で10を意味し、通常、エマーム・ホセインの殉教日であるモハッラム月10日に行われる哀悼行事をいう。一方キャルバラーでは、その3日後、ホセインの埋葬日であるモハッラム月13日に「アーシューラー」の行事が行われている。

頁）。ギーラーンに住むアゼルバイジャン人もバニー・アサド族に倣い、毎年エマームの死後3日目の法要の日には「ギャルバーズ」（耕作用の鋤）を手に、通りを回り、哀歌を詠い、キャルバラーの殉教者たちの葬送を再現する（パーヤンデ、189頁）。

文化的背景

アーシューラー哀悼儀礼の背景

イランにイスラームが広まり、人々がシーア派を受け入れると、次第に一般大衆の行動様式や宗教思想、考え方に変化が現れた。イスラーム以前の信仰に基づく行動や思想、慣習の中でシーア派の文化構造や宗教観、教義、戒律に適合しない、あるいは対立する恐れのあるものは、やがて廃れ、忘れ去られ、新しいイスラームの行動、思想、慣習に取って代わられた。一方、イスラームの社会観や文化と矛盾しないものは徐々に形や意味を変え、イスラーム文化の諸要素と融合し、宗教的な色彩をまとい、新たな信仰に従った行動、思考、慣習とともに生き長らえることになった。

似姿を入れた棺の巡行などスィヤーヴァシュの年忌に行われた哀悼儀礼は、イラン文化やイラン的社会の心性、イラン人の行動や感情に根差す風習のひとつだった。こうした風習が後に、信仰に殉じた人々のための哀悼儀礼やアーシューラー行事におけるいくつかのしきたりに繋がる文化的な土台となった。

イスラーム以前およびイスラーム以後の数世紀間、イランの宗教文化の中で、スィヤーヴァシュの殉教譚は神聖なモチーフや特徴を備え、「警告と戒め」「低俗な圧制者と清廉な被抑圧者」「欺瞞に対する真実の最終的勝利」といったメッセージを伝えるものではあったが、シーア派信徒にとっての福音ではなかった。信徒の宗教上の要望や期待に応えることはなく、信仰にまつわる動揺を鎮めることもできなかった。スィヤーヴァシュは異文化における英雄であり、他の信仰に殉じた者だった。イスラーム教徒となったイラン人はスィヤーヴァシュを「その立場において天命により世の中を変えるべく選ばれし者」とは見なさなかった（メスクーブa、82頁）。イラン人が自らの天命と福音を見ていたのはイスラームの中であって、自分たちの信仰上の聖なる英雄に期待を寄せた。

エマーム・ホセインの殉教譚は、殉教を指向する文化に新たな形をもたらし、救いを求め待ち望んでいたイランのシーア派信徒の願望に然るべき回答を与えた。英雄ホセインの正義を求める義侠心に満ちた物語は、その殉教伝説を際立たせ、数々の英雄譚の頂点に輝いていた。ホセインは、現世の生涯においては立派な体躯と山のごとき大望をもち、生死をかけた戦闘においては鉄の意志と確固たる信念を貫く気高き殉教者だった。このシーア派史上の英雄は、自らの殉教によって、イラン宗教社会の殉教文化に新たな信仰と革命的な動きをもたらすことになった。

スィヤーヴァシュの死とエマーム・ホセインの殉教という二つの出来事は互いに成立が異なり、それぞれ固有の特徴とメッセージをもつが、どちらの物語も「流された無実の血は永遠に血の報復を求める」という観念に基づいている。一説によれば、その根本的な違いは次の点にある。スィヤーヴァシュの英雄伝説は、人々に復讐の女神の力を信じさせ、最後には神が圧制者に対し虐げられた者の恨みを晴らしてくれるのだというメッセージを届けてきた。一方で、エマーム・ホセインの殉教譚は、正義を求める力と圧制に打ち勝つ理想を敬虔な人々の心に植え付け、シーア派信徒を専制体制との戦いや、支配者の圧制と暴虐への抵抗に駆り立てる（エナーヤト、309頁）。キャルバラーの出来事とエマーム・ホセインの殉教が、アラブ人ではないわれわれイラン人に最大の英雄譚をもたらしたのはこのためである。また、この出来事はアラブ人起源であるにもかかわらず、アラブ人にとって英雄譚の性格を帯びることはなかった（メスクーブb、111頁）。

最終的に、エマーム・ホセインの歴史的・宗教的に高貴な人物像とこのシーア派史上の英雄の勇敢なる殉教が、イラン社会の中で、スィヤーヴァシュの伝説的な人物像がもっていた文化上の立ち位置に取って代わる。人々は、自らの生き方と思想の正義を守るために死をも受け入れ、神への愛に命を捧げ、歴史上の殉教譚に新たな形式をもたらしたホセインに、人間を超えた神のごとき英雄と宗教文化の中で永遠に生き続ける殉教者を見た。スィヤーヴァシュの年忌の行事に似姿を棺に入れて運ぶ象徴的な野辺送りの慣習や、その死を悼む人々による「哀歌朗詠」「挽歌詠み」、さらに「祭司たちの嘆き」などもキャルバラーの指導者の殉教記念日にシーア派信徒が行う「棺回し」「ナフル巡行」「哀歌朗詠」「哭泣《こっきゅう》」の文化的背景となり、アーシューラー行事の「服喪行列」「胸打ち」「殉教劇」などの慣習につながっていくのである。

アルダハール殉教譚成立の背景※原注

キャルバラーの出来事から1000年が経ち、イランのキャヴィール塩漠周辺に住む人々は、エマーム・ホセイン殉教譚の要素を取り込んで、ソルターン・アリーの聖遷と殉教を描く英雄叙事詩風の物語をつくり上げる。それは、毎年の葬

※原注／アルダハール殉教譚成立の背景……この主題については「イランのキャヴィール塩漠周縁における殉教伝承」というタイトルで以前に出版されている（『エグバール記念論文集』243～256頁）。本書参考文献を参照のこと。

送と埋葬の儀礼が行われる殉教日に、伝統的・イラン的な一連の表現行動の中で繰り返し語られている。

ソルターン・アリーがイランを訪れ、アルダハール平原で戦い、残忍な者たちの部隊により殉教した物語は、歴史的な事実であるエマーム・ホセインのクーファへの聖遷やキャルバラーの故事、荒野での殉教譚を基に成立している。ソルターン・アリーの物語は、『ハーヴァラーンナーメ』※訳注14における信徒の長アリーの物語や『信徒の長アミール・ハムゼ』※訳注15に登場する預言者のおじハムゼの物語、その他聖者伝や英雄譚などと同じく、想像上の出来事や伝説と混ざり合っている。

アルダハールでのソルターン・アリー殉教のストーリーは、多かれ少なかれキャルバラーでのエマーム・ホセイン殉教譚と類似した、あるいは同一のモチーフや主題をもつ。二つの物語が伝えるのはどちらも、自由と正義と名誉にかけて不信心者と戦い、圧制を挫き、殉教をも受け入れるという誇り高く壮大なメッセージである。イラクとイランという二つの国には地域的文化的差異があり、エマーム・ホセインとソルターン・アリーそれぞれの殉教英雄譚が出来した場所も異なる。またクーファにはアルダハールやカーシャーンとは違う生産様式と生活スタイルが存在する。こうした点に目をつぶり、風土・文化・経済の相違が、歴史的

※訳注14／ハーヴァラーンナーメ』……ヘジュラ太陰暦830年（西暦1426〜27年）にゴヘスターン出身のエブネ・ヘサーム・フースフィーが詠んだペルシア語韻文作品で、『ターズィヤーン・ナーメ』ともよばれる、宗教的な創作英雄物語。東方（ハーヴァラーン）における初代エマーム・アリーの戦いの物語。

※訳注15／『信徒の長アミール・ハムゼ』……預言者モハンマドのおじハムゼ・エブネ・モッタレブがイスラームの敵と戦う創作物語。『ハムゼナーメ』、『アミール・ハムゼの物語』ともよばれる。作者不詳。豊富なイラスト（ミニアチュール）を特徴とする。

な事実であるキャルバラーの英雄譚と象徴的な創作物であるアルダハールの英雄譚、あるいは「英雄譚的なもの」の表面的実質的な構造にもたらした影響を考慮に入れなければ、ソルターン・アリー殉教の出来事は事実上一つの文化的な想像の産物であり、エマーム・ホセイン殉教の語り伝えを模したものと理解できよう。

地域の住民は、ソルターン・アリーの聖遷と殉教を語り、毎年秋の13日に行われる絨毯洗い儀礼で殉教、遺骸の沐浴、埋葬の様子を象徴的に再現する。こうした行為により、一方では、地域の連帯と集団の結束が新たなものとなり、士気が高揚し、文化的なアイデンティティーが誇示され、他方では、物質的な世界を超え信仰上の聖なる存在との精神的な絆が結ばれる。フィーン、カーシャーン、アルダハールの様々な集団から成る人々は、象徴的な絨毯洗い儀礼の中で、単に自らの宗教的行為や信仰を反復し表現するだけではなく、秋の行事、雨乞い、季節の移ろい、耕作の開始などに関わるイラン古来の営みや信仰の断片に宗教的な色彩を加えて演じるのである。

次頁の表に、この二つの物語の構成要素における類似点を示す。■

キャルバラーの英雄譚とアルダハールの創作的英雄譚の共通点と類似点

キャルバラーの語り伝え	アルダハールの語り伝え
クーファ住民がエマーム・ホセインに手紙を書き、使者2人に届けさせる	フィーン住民がエマーム・モハンマド・バーゲルに手紙を書き、使者2人に届けさせる
キャルバラーの荒野に天幕を張る	アルダハールの荒野に天幕を張る
モハッラム月10日、金曜正午にエマーム・ホセイン殉教	秋の10日、金曜正午にソルターン・アリー殉教
エマーム・ホセインが殉教前に祈りを捧げる	ソルターン・アリーが殉教前に祈りを捧げる
エマーム・ホセインの首が切られ、ヤズィードのいる王府に送られる	ソルターン・アリーの首が切られ、王府ガズヴィーンに送られる
頭部はダマスカスに埋葬／またはキャルバラーで遺体とともに埋葬	頭部はガズヴィーンに埋葬／またはアルダハールで遺体とともに埋葬
殉教の3日後にエマーム・ホセインの亡骸を埋葬	殉教の3日後にソルターン・アリーの亡骸を埋葬
ホセインの亡骸をむしろ※原注で運び、洗い浄めずに埋葬	ソルターン・アリーの亡骸を小さな絨毯※原注で運び、洗い浄めずに埋葬
クーファ住民は、エマーム・ホセインを殉教地で孤立させ、約束を果たさない。	フィーン住民が殉教地に来たときは時機を逸しており、ネシャルグ住民は約束を果たさない
クーファ住民の後悔	ネシャルグ住民とコラジャールの住民の後悔
クーファ住民はエマーム・ホセイン一党の殺害者を殺し、血の復讐を遂げる	フィーン住民とハーヴェ住民はソルターン・アリー一党の殺害者を殺し、血の復讐を遂げる
息子であるエマーム・ゼイノルアーベディーンがエマーム・ホセインの墓に印を付ける	いとこであるギヤーソッディーンがソルターン・アリーの墓に印を付ける
バニー・アサド族の人々が鋤やツルハシを持ってキャルバラーに集まり、毎年殉教3日目に儀式を行う	フィーンの人々が棒を持ってアルダハールに集まり、毎年殉教3日目に儀式を行う

※原注／むしろ、絨毯……むしろ編みはナツメヤシの木やナツメヤシ栽培に関連する技術であり、絨毯織りは家畜や牧畜業に関する産業である。クーファ住民の経済的な生活手段はナツメヤシ栽培とむしろ編みであったし、フィーン、カーシャーン、アルダハールの人々は牧畜と絨毯織りによって生計を立ててきた。現在もそれは変わらない。

第 5 章　絨毯洗い儀礼の起源を考える

ریشه شناسی مناسک قالی شویان

はじめに

絨毯洗い儀礼は、イランの伝統社会に生きる大勢の人々にとって重要な意味をもつにもかかわらず、われわれの文化における起源や発祥が特定されていない慣習や儀礼のひとつである。歴史や宗教の古い資料・文献にも、この儀礼の名称や場所、発祥の時期、開催のきっかけなどの記述は見当たらない。

ここ100年間、自著で絨毯洗い儀礼に触れ、様々な場所でその起源について意見や見解を述べる宗教関係の研究者や著述家が散見されるものの、われわれが実際のルーツを求め、成立の要因となった事実や、発生と変化の過程を理解しようとするとき、こうした意見や見解が必要かつふさわしい形で助けになることはない。

絨毯洗い儀礼の起源をめぐっては、一般の人々も一部著述家も、おおむねシーア派イスラーム起源説、イラン的儀礼起源説、非イスラーム非イラン起源説という三つの異なる視点を主張しているが、この章ではこうした解釈を紹介した後、シーア派イラン起源説に基づく筆者自身の見解を述べることとする。

シーア派イスラーム起源説

フィーン、カーシャーン、アルダハールをはじめとするこの地域の人々の考えによれば、絨毯洗い儀礼はソルターン・アリーの殉教と埋葬の年忌に行われる宗教行事であり、そのしきたりは、彼らの父祖がアルダハール平原の殉教者の遺体を浄め、死装束を着せ、埋葬したことに擬《なぞら》えたものである。フィーンの人々は言う。「ソルターン・アリー様が亡くなる前にわれわれの先祖との間で交わされた約束と遺言に従い、13世紀もの間、毎年この日、ソルターン・アリー様の墓前に集まり、シャーズデ・ホセイン廟の水辺で父祖の伝統に従い絨毯を洗うことで年忌の法要を執り行っている」。

ヘジュラ太陰暦13世紀〔西暦18~19世紀〕の歴史家や著述家の中にも、こうした地域の人々の認識を詳細に、あるいは簡潔に記述している者がいる。アブドッラヒーム・キャラーンタル・ザッラービーは以下のように述べている。

高貴なお方〔ソルターン・アリー〕が殉教されようという頃、上フィーンと下フィーンの両地区の人々は急いで救援に向かった。到着すると、そのお方はすでに落命し、財産は略奪を受けていた。フィーンの人々は聖なる御遺体を絨毯に包んで水辺へと運び、洗い浄めたのである。それゆえ、両地区の人々にとっては、男性も女性も、毎年約束の日にこの殉教地に出向くことが義務となっている。秋の15日の金曜日から22日の金曜日の※原注午前中、その絨毯を安置場所である地下室から運び出すのだ。（中略）居並ぶフィーンの人々は絨毯を取り囲み、水辺に移動させる。（中略）そして、聖なる御遺体はこのような場所で洗い浄められたのだと、殉教の日を偲びつつ、絨毯の端を水に浸し、手にした棒を水面に叩きつけ、嘆き悲しむ。人々は絨毯を巻き上げ肩に担ぐと、エイヴァーンまで進み、墓所の周囲を回る。（中略）かつて殉教の日、カーシャーン地方から救援に駆け付けた人々が武器を手にしていたことから、8歳の子どもから80歳の老人まで、このとき殉教地

※原注……15日の金曜日は絨毯洗い祭礼の日を、22日の金曜日はネシャルグの人々による絨毯の初七日儀礼の日をさしている。

へ参詣に行くものは皆、できうる限り戦いの道具を準備することが定められている（『カーシャーンの歴史』433～434頁）。

モハンマドタギー・ベイク・アルバーブも、アルダハールでソルターン・アリーが殉教し、カーシャーンとアルダハールの住民が浄めと埋葬の儀式を行ったことを契機に、絨毯洗い儀礼が毎年実施されるようになったと考え、こう述べている。

その場所でかの高貴なお方は殉教された。聖なる御遺体をのせた絨毯が残っており、毎年秋の13日には、祖先が浄めと埋葬を行ったアルダハールとカーシャーンの人々が、その場所に集う。（中略）絨毯洗い儀礼の約束の日には、それぞれの集団ごとに引き継がれた方法で、絨毯を運び、水に浸す（『信仰の府ゴムの歴史』47～48頁）。

ハサン・ナラーギーなど近年の研究者にも、絨毯洗い儀礼のシーア派イスラーム的な側面を強調する者がいる。地元の人々と同じ考えに立ち、おそらく人々が

絨毯洗い儀礼当日の明け方、シャーズデ・ホセイン廟の水源が浄められる

語るところに従って、儀礼の発祥をソルターン・アリーの殉教と結びつけているのだろう。ナラーギーは、絨毯洗い儀礼をフィーンの古い伝統の一つと見なし、「この慣習は、イスラーム初期から現在に至るまで、メフル月17日に最も近い金曜日にマシュハデ・アルダハールにおいて、エマーム・モハンマド・バーゲルの子ソルターン・アリーの殉教を思い、興奮と喧騒の中で執り行われる」と述べ、次のように記している。

こうした表現行動は、ソルターン・アリーの殉教と埋葬儀礼の日を追想するものである。あの日フィーンの人々は救援に駆け付けるが、アルダハールに到着したとき、そのお方はすでに敵の手にかかって殉教されていたからだ。フィーンの人々は、彼を埋葬し、追悼行事を執り行う（『カーシャーン県とナタンズ県の歴史的遺産』430頁）。

ナラーギーはまた、絨毯洗い儀礼の起源について新しい見解を提示している。この儀礼はフィーンとカーシャーンのシーア派信徒による伝統的な表現行動の一

世界遺産フィーン庭園。フィーンの町はカーシャーンの郊外、南西部に位置する。
現在はカーシャンの市街地拡大に伴って、その一部となっている

例で、サファヴィー朝期以前、この地域にいたスンナ派信徒との争いを示すものと主張する。ヘジュラ太陰暦10世紀〔西暦15～16世紀〕以降、地域のすべての人々がシーア派を信仰するようになると、この表現行動は地元の慣習という形で継続した。ナラーギーは、以下のように述べている。

> 現在の慣習は、サファヴィー朝期まで、カーシャーンとフィーンの熱狂的なシーア派信徒が、マシュハデ・アルダハール近郊の村に住むスンニー《ママ》派信徒に対して行っていた表現行動の一つだった。山麓の村民たちもシーア派を受け入れたヘジュラ太陰暦10世紀〔西暦15～16世紀〕以降、儀礼は単なる習わしとして続けられたが、フィーン住民にとってはある種の宗教的優越感を覚えるものであり、歴史がもたらした栄誉と見なされている（431頁）。

イラン的儀礼起源説

シーア派イスラームの慣行に従って、預言者が参加した戦い[※訳注1]、殉教、祝祭、追悼儀礼、毎年行われるイスラーム関連行事など、宗教上の出来事の日付はすべて、ヘジュラ太陰暦で記録されている。カーシャーンやアルダハールではシーア派が浸透し信仰が拡大したにもかかわらず、ソルターン・アリー殉教の出来事と、毎年実施される彼の殉教・浄め・埋葬の儀礼は、シーア派信徒の伝統に反し、唯一地元の農事暦に従い太陽暦で計算されている。

一部の研究者は、こうした現象を絨毯洗い儀礼がイスラーム起源ではない証拠と見なし、この儀礼はイラン的な慣習であり、イラン人が行っていた古くからの祭祀や風習の名残りと考える。例えば、アーレアフマドによれば、絨毯洗い儀礼の原点はイスラーム以前のイラン文化にあり、シーア派の文化と伝統の中にあってその他一切の殉教日や追悼日、宗教関連の祭日とも異なり、農事太陽暦の形で残った最も古い出来事であるという。アーレアフマドは「マランディーの」『明る

※訳注1／預言者が参加した戦い……預言者モハンマドが自ら参加し、指揮を執った戦いをガズヴェ（アラビア語ではガズワ）とよび、全部で28回記録されている。主なものとしては、アブゥ・スフヤーン率いるメッカ軍と戦ったバドルの戦い（西暦624年）、同じくメッカ軍と干戈（かんか）を交えたウフドの戦い（625年）、および塹壕の戦い（627年）、ビザンツ帝国軍を迎え撃つべく出撃したタブーク遠征（630年）などがある。ちなみに、預言者自らが参加せず、教友などに指揮をゆだねた戦いは

い光』を根拠に、同書はソルターン・アリーの生涯と殉教について解明を試みたにもかかわらず、「その名を第5代エマームの子の一人とするのみに終わった」と指摘し、「ヘジュラ太陰暦で記録されているいかなる伝承にも、このような殉教を見つけることはできない」と書いている（『マシュハデ・アルダハールのメフルガーン』713頁）。

行事の開催日がイラン太陽暦のメフル月16日前後であることから、アーレアフマドは、古代イランでメフル月16日に行われたメフルの祭り「メフルガーン」に着目した。絨毯洗い儀礼はイランのこの古い祭りを起源とすると考え、「マシュハデ・アルダハールにおいて外見上イスラーム的な色彩をまとった形でメフルガーンの祭りが受け継がれていることはほぼ間違いない。その痕跡は数多く存在する」と記している。その痕跡としてアーレアフマドが指摘するのは、絨毯洗い儀礼とメフルガーンの祭りの実施時期が同じであることに加え、どちらの行事でも1週間の市が立つというイラン的なもうひとつの慣習であり、こう述べている。「大小メフルガーンの間※訳注2に開かれた1週間の市、そこで食された果物や夏の作物、その他の風俗習慣を私たちは思い起こすべきである」（『マシュハデ・アルダハールのメフルガーン』712〜714頁）。

別の現代の研究者アブドッラフマーン・エマーディーも、絨毯洗い儀礼の起源

サリーエ（アラビア語ではサリーア）とよばれる。

※訳注2／大小メフルガーンの間……メフル月16日からの6日間。イランの暦では、1年の各月と1か月の各日に、古代の神々の名にちなんだ名称があり、月と日の名称が一致するメフル月のメフル日（16日）にメフルガーンの祭りが行われた。

を古代イラン文化に求め、イラン人がティール神とナーヒード神〔女神アナーヒター〕を讃えた儀礼に由来すると推測している。エマーディーは、アルダハールの絨毯洗い儀礼を、ティール月13日※訳注3に農民の間で行われた雨乞いの儀式であるティール神の祭り「ティールガーン」に関連付け、以下のように述べている。「毎年ティール神の季節である秋、メフル月中旬にカーシャーン県アルダハール村で行われるガーリーシュールーンまたはガーリーシューヤーンとよばれる絨毯洗い儀礼、ティール月のティール神の日にデイラム人が行うティールガーン、すなわちティールマースィーンゼの儀礼、（中略）ファールス州のあちらこちらで見られる雨乞いの儀礼、（中略）これらはみなティール神とナーヒード神を讃える儀礼の名残を示している」（『王たちの国』第2巻1006頁）。

※訳注3／ティール月13日……西暦7月4日。メフルガーンと同様月と日の名称が一致するティール月のティール日（13日）がティールガーンの祭りの日。

非イスラーム非イラン起源説

絨毯洗い儀礼の起源を、イラン的でもイスラーム的でもない習俗に求める説もあれば、無意味な迷信の類であるとする見解もある。ベイザーイーによると、絨毯洗い儀礼はバビロニアの神であるバアル神の死後の儀式に酷似するという。ベイザーイーは、フィーン住民が行うソルターン・アリーの遺体に見立てた絨毯を洗う儀礼と、古代メソポタミアの川で祭司たちがバアル神の遺体を洗ったことを比較し、複数の類似性を認めている（『イランの演劇』51頁）。

宗教関連の著作があるフェイズは、アルダハール平原におけるソルターン・アリー殉教の物語には典拠となるものはまったく存在せず、彼の実際の生涯とはかけ離れたものと考え、絨毯洗い儀礼とソルターン・アリー殉教に何らかの関連を求めるのは誤りかつ見当違いだとしている。ガーリーシューヤーンは、意味も起源もない迷信と混ざり合ったひとつの慣習であると説明し、こう述べている。「マシュハデ・アルダハールで絨毯を洗うためフィーン住民の間に広まった慣習や、複数の迷信が混在したその行為が、いつから何を基にどんな理由で実施されるようになったのか定かではない」（『輝ける星々』173頁）。

イスラーム・イラン起源説 ※訳注4

社会が変化すると、儀礼やしきたりもまた、新たな社会体制や生産様式に合わせ、人々の精神的・観念的欲求に応える形で変化を遂げる。もしその儀礼やしきたりが、社会の動きや経済的・文化的変革の流れとともに進むことなく、社会の新たな要求と折り合うことも役立つこともなければ、次第に失われていくか、あるいは、無益で無意味な習慣として社会に埋もれていく。人類の歴史の舞台における儀礼やしきたりの継承は、それが社会の変化や人々の文化的な欲求に整合するかどうかによる。

宗教や信仰は、社会において伝統や慣習が継承されたり、あるいは衰退、消滅したりする際の大きな要因である。古い儀礼や慣習の中でも、宗教文化や信仰上の教えと矛盾しないものについては、通常、新たな宗教儀礼とともに生きながらえ、その宗教の庇護を受けて存続する。イランの古い文化儀礼の多くがムスリム※訳注5であるイラン人の宗教儀礼の陰でこんにちまで消え去ることなく、その形と役割

※訳注4／イスラーム・イラン起源説……「はじめに」（127頁）で述べられているように、ここでいう「イスラーム」は「シーア派」の意味と思われる。

※訳注5／ムスリム……イスラーム教徒。「ムスリム」はアラビア語。ペルシア語では「モサルマーン」。

を保持し継承されてきたのも、このためである。

絨毯洗い儀礼もこうした儀礼のひとつであり、イランの古い文化を起源とするが、表面的にはイスラーム化したイランの信仰文化の色彩をまとっている。儀礼の主要な部分は、超自然的な力が崇められた神話時代やイランの農耕文化を土台とし、後にイランのシーア派信徒がもつ宗教文化の枠組みの中で輝きを見出した。さらに、人々の文化・宗教観や信仰全般と融合し、宗教儀礼という形で新たな生命を得たのである。

毎年秋の初めに人々がアルダハールに集い、そこで執り行われる絨毯洗い儀礼は、歴史を超えた思いが形になった一例である。人々は時間と空間を越え過去へと遡り、いにしえのイラン文化に思いを馳せる。フィーンとカーシャーンの住民は毎年アルダハールに集まって、ソルターン・アリーの棺を象徴する絨毯を聖廟から水辺に運び、棒を使って絨毯に水を振りかけるが、アブドッラフマーン・エマーディーが指摘するように、これはイランにおける雨乞いの古い風習を想起させる。フィーン住民は、聖なる約束の土地で比喩的な絨毯洗い儀礼を執り行ない、アルダハール平原の英雄ソルターン・アリーの殉教伝説を象徴的に再現する。これは、シーア派信徒の行動や思想の中で、絨毯洗い儀礼を信仰に結び付けた形で表現したものである。また一方で、フィーン住民は、祖先が秋にティール神とナーヒード神に対して行った雨乞いを、間接的かつ無意識のうちに反復し、模倣し、過去の文化に起源をもつ古い伝統としきたりを永遠に存続させようとしている。

　秋に雨乞いのため棺を曳き回したり洗ったりすることは、イランの農民の間で古くからある風習のひとつで、イランの地方によっては今なお残存する文化である。ヘジュラ太陰暦4世紀前半〔西暦10世紀〕の地理学者エスタフリーは、シューシュがイスラーム化する前までこの街で一般的に行われていた棺回しの慣習に言及し、こう記している。「スース〔シューシュ〕の人々はその棺（預言者ダーニアール〔ダニエル〕の棺※訳注6）を崇め、旱魃のときには外に持ち出して、雨乞いをした」（『諸道と諸国の書』91頁）。また、タブリーズには、旱魃時に雨を求めて棺を洗う風習があった。地元の老人たちは棺を地区のモスクから引き出して、泉や水辺に運び、雨が降るまで水に浸していた（アナーセリー、51頁）。マラーゲの住民は、父祖からの慣習に従い、礼拝用の清浄な絨毯やゲリーム※訳注7を泉に運び、降雨を願ってその上に水を撒いたり、泉の水で洗い浄めたりした（バシュギョズ、116頁）。アルダハールの殉教者の棺に擬《なぞら》えた絨毯を水辺に運び、棒を使って水を振りかけ、象徴的に洗う行為は、キャヴィール塩漠周辺のシーア派信

※訳注6／預言者ダーニアールの棺……イラン南西部の街シューシュ（スーサ）には、古くからダーニアールの墓として知られている建造物がある。

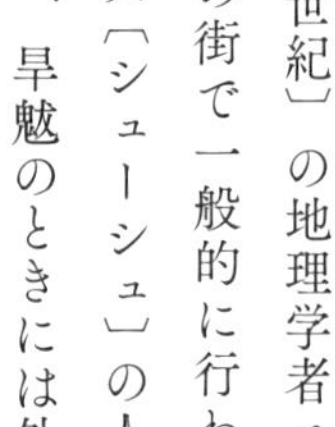

ダーニアール廟（シューシュ）

※訳注7／ゲリーム……パイルのない平織りの織物。敷物や壁掛け等に用いられる。キリム。

徒が、宗教儀礼の枠組みのなかで、象徴的な棺洗いの形式を借りて行う古い雨乞いのしきたりに繋がる。また同時に、象徴的な意味をもつ棺を洗い浄めることで、宗教史の中で殉教を遂げた英雄の苦難を蘇らせるとともに、棺を運ぶ葬送隊列の人々に、信仰に従い殉教も厭わぬ信念を思い起こさせ、戦いを恐れず立ち向かう士気を高めるのである。■

第 6 章

エマームザーデの神秘的な力

نیروی فراطبیعی و قدسی امامزاده

奇跡と超自然現象

殉教者モタッハリー※訳注1は「一般大衆は常に奇跡を待ち望んでいる。預言者やエマームに対してだけではなく、あらゆる墓、あらゆる石、あらゆる木にも」と記している（『イスラームの世界観に関する一考察』188頁）。フィーンとアルダハールの地元住民もまた、エマームの子《エマームザーデ》であるソルターン・アリーは人間や自然を超越した力をもつと考え、通常起こりえない事柄や驚くべき現象をソルターン・アリーと結び付けている。人々が信じるところによれば、超自然的な聖なる力をもつエマームの子《エマームザーデ》にはあらゆることが可能である。自然の力を意のままにし、万物を従え、神の恩寵により人間や様々な事物に影響を及ぼしてその姿や性質や運命を操り、人生における役割を変えてしまう。エマームザーデが人間や事物に与える影響は、益をもたらす正の面と害を与える負の面の二つの形で説明される。

①エマームザーデの恩恵と慈悲が人や事物に及ぶ場合、その神聖な力は、人には幸運と健康と成功を、事物には聖性と祝福を与える。病人の治癒、困窮者の救済、

※訳注1／殉教者モタッハリー……モルテザー・モタッハリー（西暦1920〜79年）。イランのイスラーム学者。イラン革命で指導的役割を果たした一人であったが、革命成立後に暗殺された。

物の性質を変化させ聖化することなどは、エマームザーデの力が益をもたらす正の作用の例である。

②エマームザーデの怒りが人や事物に及ぶ場合、人には不幸と困窮と屈辱が与えられ、事物は穢れて神の恩恵から見放される。エマームザーデの力が害を与える負の作用には、人間を貶めることや動植物を石に変えることなどがある。

エマーマト・カーシャーニーは『ソルターン・アリー伝』で、ソルターン・アリーの奇跡と聖墓がもつ不思議な力に言及し、「このエマームザーデの光輝く殉教地にまつわる明らかな奇跡や常識を超えた出来事が数多く語り継がれている」と述べている。さらに、ソルターン・アリーの奇跡を肯定し、「この貴人の栄光と名望と偉大さは、聖墓に立て続けに現れた奇跡によって明白であり、疑う余地はない」としている（17頁、23頁）。

人々はソルターン・アリーの奇跡を信じ、絨毯洗いの儀礼、ソルターン・アリーの礼拝用絨毯《ジャーナマーズ》、フィーン住民が持つ棒、シャーズデ・ホセイン廟を流れる水、儀礼の日に隊列が掲げる旗竿《アラム》の布などは神聖なもので、病気の治癒に効果があるとするが、こういった認識は、信仰に対する世界観や、伝統文化の中に理想を求める心理の上に形成されてきた。その認識が、史実とは異なる非科学的な出来事の断片や非現実的な想像の産物に基づくものだとしても、地元の一般住民が信じる以上、それこそがまさしくひとつの事実であり、ソルターン・アリー自身や、ソルターン・アリーと何らかの関わりがあった事物の聖なる特性について、人々がどのように考え、認識し、解釈したかを証明している。

以下、ソルターン・アリーの存命中、または死後の奇跡や超自然現象について、地元の人々が語る例をいくつか紹介する。

竜退治

神話上信仰上の英雄や文化的伝統の上での勇者が竜を殺す話は、イラン文化において古くから語り継がれている。イラン・ザミーンの伝説や昔話には、神話・伝承・信仰上の英雄たちによる竜退治の話が数多く存在する。竜は旱魃や渇水を象徴している。一般的には、集落や耕作地や果樹農園に注ぐ水の流れを妨げるものを表し、人々から水を奪い、旱魃をもたらす。英雄は、竜を殺すことで死と渇きの悪鬼を滅ぼし、人間社会に水と祝福と光明を授けてきた。

ソルターン・アリーがハーヴェ集落滞在中に行った奇跡の一つに、竜を殺して石に変えたことがある。人々は言う。

ソルターン・アリー様がハーヴェにおいでになったとき、集落の人々は弱々しく無力で、顔色が悪かった[※訳注2]。ソルターン・アリー様はお尋ねになった。「なぜそなたたちは、このようにやせ衰え痛々しく見えるのか」。人々は申し上げた。「私たちの土地には、一頭の竜がおります。水が湧き出す場所にしょっちゅう現れては水を飲み、水場に吐き出すのです。私たちはその水を飲んだせいで体調が悪くなり、体が弱ってしまいました」。「では、その竜を見せてくれないか」とソルターン・アリー様は仰せになり、ともに竜の来る場所へと出かけた。竜が姿を現し頭を水につけたところで、ソルターン・アリー様は剣を抜き、竜の体を真っ二つにした。今、その竜は石になっていて、人々は見物に出かけていく。竜が殺されてからというもの、ハーヴェ住民は丈夫になり、

※訳注2／顔色が悪かった……直訳すると「彼らの色は黄色かった」。「黄色」は病気や不健康な状態を意味する。

健康を取り戻した。

ある詩人がこの竜退治の様子を頌詩の三つの対句に詠んでいる。この頌詩は、ソルターン・アリー廟の墓所入口両側のしっくいにその碑文が刻まれている。

竜退治の奇跡も彼には造作もないこと
　剣は山となり、水を奪うものへと打ちかかる
いまや牙は折れ、悪しきものは石に変わる
　もはや煩わせる仇とてない
竜を知らぬ者さえ、石の檻に捕らわれたそのさまに
　〔彼の恩恵を〕知るだろう

　地面から湧き出す水

次のような語り伝えがある。ソルターン・アリーは戦場で剣を交えるのに疲れ

果て、抵抗する力を失ったとき、祈りを捧げようとアズナーヴェ峡谷で馬を下りた。そこは山の中の水も草もない土地だった。ソルターン・アリーが剣を鞘から抜き放ち、剣先を地面に突き立てると、突然地面から水が噴き出した。一行はその泉で頭と顔を洗い浄め、礼拝をした。

また別の言い伝えによると、正午の礼拝の時間に部隊は戦いを止め、礼拝のための浄めをしようとしたが、水が得られなかった。アズナーヴェ峡谷でソルターン・アリーは一塊の大岩のところへ行くと、その岩を地面から持ち上げて放り投げた。その瞬間、岩のあった地面から水が湧き出して、ソルターン・アリーと供の者たちは、その水で浄めをし、礼拝をおこなった。ハッバーズ・カーシャーニーはこの出来事を次のような詩に詠んでいる。

戦いの最中、礼拝告知人が時を告げる
　太陽は天の頂にあり
なすべきは聖戦や喜捨のみにあらず
　信徒たちよ、礼拝に急ぐように
みな戦いを止め

イランの伝説的英雄ロスタムによる竜退治／『王書』写本より

主君に浄めの水を求める
峡谷に水はなく
　部隊は浄めの水を得られない
主君は大岩に近づく
　神のご加護を受け
神の名において、御手ずから
　大岩を持ち上げると
その下から泉があふれ出す
　心塞いだ者らは救われ
水を求めて泉に駆け寄り
　礼拝のための浄めを行う
（『散りゆく華』13〜14頁）

この泉の水は今でもアズナーヴェ峡谷を流れている。ソルターン・アリーのガトルガー※訳注3に詣でるためアズナーヴェ峡谷を訪れる人々は、この泉に立ち寄る。ご利益を求め、痛みや病気が癒えてずっと健康であるようにと、泉の水を手ですく

※訳注3／ガトルガー……殺害場所の意。ソルターン・アリーが殺害されたとされる場所。現在はそこに祠が建てられている。

※訳注4／女たちを石に変える……この項の第1刷でのタイトルは「コラジャール

って飲み、頭や顔に振りかけるのである。

女たちを石に変える[※訳注4]

戦場で不道徳な振る舞いをした集落の女たちは、[※訳注5]ソルターン・アリーの呪いを受けて石になった。現在、アズナーヴェ峡谷にあるソルターン・アリーのガトルガーの近くには人間の形に似た石が複数存在するが、地元の人々は、その石がザッリーン・キャフシュに騙されて戦場に行った女たち[※訳注6]だと考えている。[訳注7]

石になった木の実

モハンマドタギー・ベイク・アルバーブは『信仰の府ゴムの歴史』において、「アルダハール村のとある集落[※訳注8]では、住民の祖先の中にソルターン・アリーの居場所を敵対者に教えた者がいたために、ソルターン・アリーの呪いを受け、その後集

の女たちを石に変える」。

※訳注5／戦場で～女たち……第1刷では「裸でコラジャール集落から戦場に行った女性たちと娘たち」。

※訳注6／ザッリーン・キャフシュ～女たち……第1刷では「裸でコラジャール集落から戦場に行った女性たちと娘たち」。

※訳注7／～考えている……第1刷では以下のとおり文章が続く。「裸で戦場へ行った女たちの子孫は、疵（きず）ものと見なされる。ソルターン・アリーの呪いによって、男の子には短い尾が生え、女の子は純潔を失うといわれている」。

※訳注8／アルダハール村のとある集落……第1刷では「コラジャール集落」。

落の「木の」実はすべて石になってしまった」と述べている。アルバーブは、木の実が石になったことはこの世の驚異の一つであり、木の実の所有者※訳注9がソルターン・アリーの殺害に関わりをもった結果であるとして、次のように記している。「その地に起こった驚異の一つは、ソルターン・アリー殺害のきっかけとなった者たちの木の実が石になったことである。今、荒野には石になったゲイスィーやアンズ、アーモンド、ハシバミなどが落ちているが、本物とそっくりだ。木から落ちた実についていている果軸さえはっきりと見える」（110頁）。

溜息から生まれた山

アルダハールには「コラジャールの小刀」とよばれる小さな山並がある。この山並は、ソルターン・アリー廟と山向こうの集落※訳注10の間にあって視線を遮る衝立になっている。人々は言う。「ソルターン・アリー様は、その集落の一部の指導者が恥ずべき行い※訳注11をしたことにお怒りになったとき、溜息をついて彼らを呪った。すると地面が盛り上がり、溜息から山が生まれた。山はソルターン・アリー様の墓

※訳注9／木の実の所有者……第1刷では「コラジャール住民」。

※訳注10／山向こうの集落……第1刷では「コラジャール集落」。

※訳注11／その集落の一部の指導者が恥ずべき行いを……第1刷では「コラジャール集落の指導者たちが異教徒の如き恥ずべき行いを」。

所と集落の間に壁のように立ちふさがり、墓所とドームが信頼のおけぬ者たちの目に触れぬよう守っているのだ」。※訳注12

山から立ち上る炎と煙

次のような言い伝えがある。むかし、週に一度夕方近くになると、ケルメ集落のマーラーンとシーラーンという二つの山の間から炎と煙が立ち上り、明け方まで燃え続けた。この二つの山の名前は『カーシャーンの歴史』ではマーラーイーンとシーラーイーンになっており、ネシャルグ集落にある山とされている。

この炎と煙は、ソルターン・アリーを殺したザッリーン・キャフシュの死体の穢れが燃え、ケルメ集落の山中から立ち上っていたのだと信じられている。墓所入口脇に刻まれている詩から引用する以下の対句はこの炎を指している。

邪悪な仇の土からは、暁まで火が上がり
その炎は天をも騒がす

※訳注12／信頼のおけぬ者たちの目に……第1刷では「コラジャールの者たちの穢れた目に」。

盾になった大岩

アズナーヴェ峡谷にあるソルターン・アリーのガトルガー近くに、表面が穴だらけで裂け目のたくさん入った平べったい大きな岩がある。「ソルターン・アリー様が礼拝をしたとき、この大岩は礼拝の間ずっとソルターン・アリー様の周りを動き回って盾になり、敵の矢と槍を受け止めていた」と人々は言う。岩に残る穴と裂け目は、矢と槍の跡と考えられている。

エマーマト・カーシャーニーはガトルガーの複数の岩から聞こえる泣き声と哀悼歌についてこのように記している。「ソルターン・アリー殉教の日以来50年の間、毎年〔ヘジュラ太陰暦〕第6月の27日になると、その峡谷ではどの岩の下からも哀悼歌と泣き声が聞こえていた。しかしその後、誰もその声を聞いた者はいない」(『ソルターン・アリー伝』30頁)。

当病平癒と厄難退散

キャルバラーのエマーム・ホセイン廟に参詣し、メッカで大巡礼の儀礼を行うことは、古くから、すべてのシーア派信徒の願望であった。それはイランのキャヴィール塩漠周縁に住むシーア派信徒も同様であったが、かつて、この地域の住民にとって、キャルバラーやメッカへ旅をして、カアバ神殿のタヴァーフ※訳注13や殉教者たちの長「エマーム・ホセイン」の墓への参詣といった望みを叶えることは、貧しく厳しい塩漠地帯の生活においてたやすく実現できるものではなかった。このため、人々の心の中では、アルダハール訪問とソルターン・アリー廟参詣は、殉教者たちの長エマーム・ホセインの聖墓巡礼と同等の価値と御利益があり、絨毯洗い儀礼参加は、メッカ大巡礼参加とその地での諸儀礼実施と同様大切なものだった。

毎年アルダハールに集い、「絨毯の金曜日」の行事に参加することは、次第に、フィーン、ハーヴェ、カーシャーンをはじめとする地域住民にとって社会的・精

※訳注13／タヴァーフ……アラビア語ではタワーフ。メッカ大巡礼で行う儀式のひとつ。カーバ神殿の周囲を定められた方法で7回まわる。

神的な生活習慣の一部になっていった。この行事では、人々はソルターン・アリー廟に詣で、宗教儀礼を行うかたわら、直接顔を合わせ親しく話を交わす機会を得る。また、宗教的な行事と隣り合わせで開かれる年に一度のバーザールでは商品の売買も行われる。地元を離れイランの他の町や村に移り住んだ人たちも、祖先にならい、毎年絨毯洗い儀礼に参加するためアルダハールを訪れ、故郷の社会や血縁集団の成員に戻り、旧交を温めるのである。

アルダハールでは、困りごとや願いごとがあると誰もがソルターン・アリーにすがり、神との仲立ちを求め、願掛けをし、祈りを捧げる。願掛けをする住民は、ソルターン・アリーが奇跡を行い、神のご加護により願いの成就に力を貸し、人生において物ごとの流れを望ましい方向に変えてくれるものと信じている。この信心のもと、子どもが授からない、または授かっても夭折してしまう女性、不幸で夫に複数の妻がいる女性、性悪で素行に問題があり移り気な夫をもつ女性、仕事に行き詰まって問題を解決できない男性、病気で身体の不自由な子どもをもつ親、不治の病や痛みに苦しむ病人、カアバ神殿やエマーム・ホセインの聖墓に詣でることを願う者、大切な家族が獄中にいたり行方不明だったり旅に出ていたりする者、借財に追われる貧しい者、虐げられ正義を求めている者など、誰もが皆

絨毯への願掛け

ソルターン・アリーにすがり、望みを叶えてくれるよう願う。

人々は、ひとときソルターン・アリーのそば近くにあって、何かしら関わりをもった物も神聖とみなし、御利益を求める。儀礼で使用される絨毯から、礼拝用絨毯《ジャーナマーズ》、旗竿《アラム》、湧き水、棒、バーザールの商品まで、ありとあらゆるものは直接的であっても間接的であってもソルターン・アリーの奇跡や恩恵により効験あらたかであり、病を癒し、悩みを解決し、貧しい者を助け、幸運をよび込むなど、人々の願いを叶えると考えられている。

病気や痛みの治療、目や耳や足の不自由な者に健康を授けること、借財の支払いなどが、ソルターン・アリーの行った奇跡である。治癒にまつわる驚くべき奇跡がいくつも語り伝えられている。

病気平癒を願う病人や悩みの解決を求める者は、ソルターン・アリー廟を訪れ、聖墓《ザリーフ》の囲いに一本の紐、一枚または束になった布切れ、錠前などを取り付けて、願掛けをする。願掛けをした者たちは、願いが成就すると取り付けたものを外し、願解《がんほど》きをする。※訳注14

フィーンのある女性は、人々がソルターン・アリーに寄せる信頼と、廟の参詣者や祈願者に与えられる恩恵について、こう話している。「私たちフィーン住民は

※訳注14／願解（がんほど）き……先に願掛けをした際に、祈願が成就した場合には供物を捧げるなど、神と誓約を結ぶ。その神との約束を実行すること。

本当にあのお方を信じています。どんな願掛けをしようと、頼みごとをしようと、困りごとがあろうと、お参りに行けば、私たちをお見捨てになることはありません。あのお方にすがって、落胆した者などおりません。今までたくさんの奇跡を見てきたのですから」。

■

第 7 章

エマームザーデの社会的役割と影響

نقش و تأثیر اجتماعی امامزاده

各集団の精神的遺産と社会的特権

ソルターン・アリーの象徴的・聖的人物像は、地域のいくつかの集団にとって地縁血縁の団結や連帯を体現するものとなっている。アルダハールに集い、絨毯洗いの儀礼、すなわち殉教者に施す沐浴に擬《なぞら》えた儀礼に参加するという行為は、フィーンやハーヴェの各集団に属する人々の絆の再生と強化において、またその絆や連帯を保持し集団の価値を守る上において、ソルターン・アリーが果たす象徴的な役割を明確に示している。カーシャーンのチェヘルへサーラーン地区の住民にとっても、絨毯洗い儀礼の担い手となりフィーンとハーヴェという二つの集団とともに〔遺体に擬《なぞら》えた〕絨毯の葬送と沐浴を行うことで、こうした集団との新たな結束が生まれる一方、儀礼参加で得られる精神面での価値をも享受することになる。

すでに絨毯洗い儀礼の伝統は、アルダハールとカーシャーンの文化における一連の儀礼や慣習に組み込まれ、住民の社会生活や信仰生活の一部になっている。フィーン、ハーヴェ、チェヘルへサーラーンという三つの地区・集落は、絨毯洗いの儀礼が行われる際、それぞれに祖先から継承した優先的な権利があるとして、地域の他の集団や外部の人間が儀礼の担い手となることを認めない。『信仰の府ゴムの歴史』の著者〔アルバーブ〕は、儀礼においてこうした集団が祖先から受け継いだこと、および他の集団より優先的な立場に置かれることを指摘し、次のように述べている。「絨毯洗い祭礼の日、各集落・地区の住民は、継承した権利に従って絨毯を運び、水に浸す。権利のない者が絨毯に手を触れれば、暴動が起こり、殺人に至ることも度々である」。

精神的な遺産や優先的な権利を受け継いだ地区・集落とは対照的に、残忍な異教徒の部隊に協力をした者たちの子孫と見なされている集落がいくつか存在する。※訳注1 その集落の祖先は罪深い敵対行為によってソルターン・アリー一党の殉教に手を貸したのだと、地元の人々は考えている。この考えに従って、数十年前までフィーンとハーヴェの住民は毎年、〔水辺で〕絨毯を洗う儀式の際、その集落の指導者たちに呪いの言葉を投げかけるとともに、住民を悪し様に言い、指導者の行為を理由に彼らを貶めていた。※訳注2 また、他の集落の社会的精神的価値を貶めることで、フィーンとハーヴェの父祖と指導者には聖性を与え親愛の情を示し、集団の価値を高めていた。つまり結果として、絨毯洗い儀礼への参加は、同じ信仰をもつフィーン、

※訳注1／～存在する……この段落においては、第1刷との相違点が複数個所に見られる。第3刷での主な変更点は、敵方に助力したとされる集落名「コラジャール」「ネシャルグ」「ナラーグ」が省略されていることと、集落間の不和や「呪いの儀式」を過去のものとして述べていることである。

※訳注2／～貶めていた……101頁「呪いの儀式」を参照。

ハーヴェ、チェヘルヘサーラーンの集団の結束をゆるぎないものとする一方で、集団外の人々に対する優越感を掻き立て、差別を生み出している。さらに、地域住民間の不和と対立につながっていった。※訳注3 現在では、フィーン、ハーヴェ、チェヘルヘサーラーン、コラジャール、ネシャルグ、その他アルダハール村にある集落の間では不和も対立も存在せず、すべての住民が一様に精神的な遺産を享受している。

フィーン住民が継承したものと特権

先に述べたように、フィーンの人々は、殉教者ソルターン・アリーの絨毯を運び水辺で洗い浄めることは自分たちが受け継いだ特権であり、独占的に実施されるべきと考え、他の集団の参加を許さなかった。フェイズは『輝ける星々』において、「絨毯を運ぶこと」と「絨毯を洗う儀式」はフィーン住民のみが執り行っており、他の者の「介入や協力」は許されなかったと指摘し、「かつて、その役割に干渉した罪で殺されたものがいる」と記している。キャラーンタル・ザッラービーは『カーシャーンの歴史』にこう書いている。「フィーン両地区［大フィーンと小フィー

※訳注3……「地域住民間の不和」以下この段落終わりまでの部分は、第1刷にはない。

ン」の住民以外は一人としてその絨毯に手を触れないのが定めである。無思慮な誰かがご利益を得るためにその日絨毯に触れようと5万トマーンを支払っても認められることはない。もし、気の毒にも事情を知らぬ者が不用意にその規則を犯し、絨毯に手を伸ばせば、刀や棒など数多の武器がその者に向かって振り下ろされることだろう」。

フィーン住民は、このような精神的な遺産を継承する恩恵と名誉にあずかれるのは、以下に示す祖先の行いのためと考えている。①地域の他の集団よりも早くシーア派を受け入れた。②ソルターン・アリーを招聘した。③ソルターン・アリーの聖なる亡骸を洗い浄め、ハーヴェ住民の協力を得て埋葬した。④ついには血の復讐に立ち上がり、ソルターン・アリーを殺害した敵を蹴散らし、葬り去った。

ハーヴェ住民が継承したものと特権

ハーヴェの人々もまた、絨毯洗い儀礼でフィーン住民に協力をする際、自分たちにはある種の精神的な遺産や特権があると信じている。ハーヴェ住民は、自ら

上…聖所（ハラム）内での儀式を仕切るのはハーヴェ集落出身者
下…現在のハーヴェ集落の遠景

をソルターン・アリーに仕える栄誉を担った者たちの末裔であるとして、祖先について次のように主張する。①アルダハール平原における異教徒との戦いでソルターン・アリーの旗手を務めた。②ソルターン・アリーの部隊では主力となって指揮を取り、戦った。ソルターン・アリーに付き従い、多くの者が刃を受け、殉教した。③殉教したソルターン・アリーの聖なる遺体を自らの手で埋葬した。

　こうした祖先の恩恵に浴し、ハーヴェ住民はかつて、絨毯を運ぶフィーン住民の前を進み隊列の旗竿《アラム》を掲げることと、フィーン住民から絨毯を受け取り聖所《ハラム》内へ運び入れることは、自分たちに与えられた特別な役割であり、集落が受け継いだ特権であると考えていた。※訳注4

チェヘルヘサーラーン住民が継承したものと特権

　現在カーシャーンのチェヘルヘサーラーン地区住民が誇りに思っているのは、チェヘルヘサーラーン出身のある一門の祖先がソルターン・アリーの礼拝用絨毯《ジャーナマーズ》

※訳注4／特権であると考えていた……第1刷では「特権であると（現在）考えている」。

を管理していたことである。言い伝えでは、そのチェヘルヘサーラーンの男性は、常にソルターン・アリーに付き従い、礼拝の時間になると絨毯を広げ、たたんでいた。ソルターン・アリーの殉教後、葬儀の際にも聖なる亡骸を運ぶ隊列の先頭で礼拝用絨毯を捧げ持っていたという。このため、チェヘルヘサーラーンの人々が語るところによれば※訳注5、絨毯洗いの儀式で礼拝用絨毯を運ぶ栄誉と恩恵は当然の権利としてチェヘルヘサーラーンの集団に引き継がれ、ゲイサリー家の一門がその役目を負うとされている。

コラジャール住民が継承したもの※訳注6

地域の集団間の諍いを示す例としては、［ソルターン・アリーへの］敵対行為や冷酷な仕打ちがコラジャールにいた、おそらくはコウリーの長《おさ》たちによるものと誤って考えられたことや、彼らが異教徒に手を貸したとする流言などがあげられる。地域の人々によると、このコウリーの長《おさ》たち、なかでも歴史的な存在が疑わしいコラガッドの行いは、殉教の日、ソルターン・アリーの心を苦しめた。戦場のソル

※訳注5／チェヘルヘサーラーンの～よれば……この語句は第1刷にない。

※訳注6／コラジャール住民が継承したもの……この項目は第1刷と第3刷で大きく異なる。第1刷では、コウリーの長に関する記載はなく、ソルターン・アリー殉教の原因となった集落住民の行為と、子孫につけられた「印」の伝承が詳述された後、以下の通り、婚姻の習慣について語る地元住民の話が引用されている。「尻尾のあるコラジャールの者は純潔を失った娘を妻にする。その一族から妻を娶る者は誰もいないし、彼らに娘を嫁がせる者もいない。尻尾のある連中は、そういう娘たちをソルターン・アリー様のところに行かせたのだから、自分が彼女らと結婚しなければならない。それが報いというものだ！」（34頁、157頁参照）。

ターン・アリーは耐え難い思いで礼拝をし、敵方を呪ったという。

モハンマドタギー・ベイク・アルバーブは、ヘジュラ太陰暦1295年〔西暦1878年〕に著した『信仰の府ゴムの歴史』において、地域の人々の言葉を引用し、この集落の何人かの指導者がソルターン・アリーに示した敵意、異教徒との戦いでソルターン・アリーに手を貸さなかった者がいたこと、その者たちの悲惨な末路などに言及している。

今日でも通常、アルダハールとこの集落の間で婚姻関係が結ばれることはなく、集落の中の者同士の結婚が一般的だと言われている。

ネシャルグ住民が継承したもの

互いの社会的威信を傷つけるなど、地域住民の間に対立があったもうひとつの例は、ネシャルグ（ネシャルジ）住民が約束を反故にしたという誤った風説である。※訳注7この風説によると、ソルターン・アリーは戦いの最中、ネシャルグ集落に使者を遣わし、助勢を求めた。ネシャルグの指導者たちは、使者に助勢の言質を与え、

※訳注7／互いの～風説である……この一文は、第1刷にはない。

※訳注8／～過ぎていた……本段落において、第1刷にあった、部隊が恐怖にかられて引き返した部分の記載が第3刷では削除されている。また裏切りの責任は集落住民ではなく集落の指導者たちにあったと、文章

ソルターン・アリーを戦場で孤立させないことを約束した。約束の後、指導者たちは集落で呼びかけを行い、戦いに向かう若者や男衆を集めた。1日か2日のうちに戦いの準備が整い、部隊は戦場へ向けて出発した。しかし戦闘に加わることなく来た道を戻り、集落へと引き返してしまった。数日後、引き返した者たちは自らの行ないを悔い、再び結集して、異教徒と戦うべく戦場に向かったが、到着したのはソルターン・アリーが殉教したあとであり、殉教と埋葬から既に1週間が過ぎていた。※訳注8

この出来事が原因となり、地域で語り伝えられた歴史において、ネシャルグの部隊の指導者は、反目していた諸集団の目には約束を果たさない人々として映るようになった。このため、かつてフィーンのある集団は罪から逃れ※訳注9ようと、呪いの儀式※訳注10において［ネシャルグ］集落の指導者が与えた「約束」に対し呪いの言葉をかけていた。

こうした認識が失われてから何年も経ち、現在ではネシャルジ集落※訳注11の住民も代々他の人々とともに絨毯洗いの祭礼に参加している。さらに毎年「絨毯の金曜日」の翌週の金曜日にもソルターン・アリー廟の内庭に集まり、初七日儀礼を盛大に実施することで、ソルターン・アリーへの尊敬と愛情を示している。※訳注12

の一部が変更されている。

※訳注9／罪から逃れ……罪から逃れる＝タバッラー（tabarrā）とは、神学用語で「神の敵を嫌悪すること」、「神の敵を忌避すること」の意で、イスラームの教え、特に12エマーム派シーア派の教えに親しむこと（タヴァッラー、tavallā）の反意語。神の敵とは多神教徒や異教徒、歴代エマームの指導者性や監督権を否定する者のこと。

※訳注10／呪いの儀式……101頁を参照

※訳注11／ネシャルジ集落……ネシャルグ集落の現在の名称は「ネシャルジ集落」。

※訳注12／こうした〜愛情を示している……この段落は第1刷にない。

補遺[※訳注13]

イラン太陽暦1375年（1375年3月9日〔西暦1996年5月29日〕閣議決定）における行政区分によれば、マシュハデ・アルダハール[※訳注14]はエスファハーン州カーシャーン県ニヤーサル郡にある地区の一つとなっている。■

※訳注13／補遺……第1刷にはなし。

※訳注14／マシュハデ・アルダハール……ここでいう「マシュハデ・アルダハール（殉教地アルダハール）」はソルターン・アリー廟をさす。この年ギヤースアーバード集落とともにマシュハデ・アルダハール村から分離され、ニヤーサル郡ニヤーサル村に編入。従前のマシュハデ・アルダハール村は、ジューシャグ村に名称変更となっている。

解説とあとがき

本書は、イラン・イスラーム共和国の文化研究所（daftar-e pazhūheshhā-ye farhangī）から出版されている「〔自分は〕イランの何を知っているか？ Az Īrān Che Mīdānam」シリーズの五番目としてイラン太陽暦1379年〔西暦2000年〕に初版〔底本は初版の第3刷り〕が出版された『ガーリーシューヤーン Qālīshūyān（絨毯洗い祭り）』の全訳である。※注

原著の初版（初刷り）はシリーズの第一弾として2000年に他の5点（『イラン・ザミーン』、『ゲシュム島』、『タフテ・ジャムシード』、『アーバスクーン』、『マーザンダラーンの海』）と同時に出版されたが、翌年には早くも第3刷りを出すほどの売れ行きを示し、たちまちの内に多くのイラン人読者を獲得した。そういう意味では、イラン人にとっても待望の一書であったといえようか。

著者であるアリー・ボルークバーシー博士は、1936年のテヘラン生まれで、テヘランで初等・中等教育を終えたのち、テヘラン大学に入学。

１９６２年に文学士、続いて、同大学の文学・人文学部より、一般言語学・古代言語の修士号を取得した。また、同大学在籍中にイラン国内の様々な民族集団（aqvām）に関心を寄せるようになった。１９７０年には渡英し、オクスフォード大学の博士課程在籍中は社会人類学的研究に専念。帰国後は講義、執筆、研究活動に携わり、「イスラーム大百科出版事業団科学高等評議会」のメンバー、第一期「イラン人類学協会」の理事会メンバーなどを歴任、齢80歳半ば近くとなった現在もイラン・アカデミーの人類学グループ学術委員会のメンバーを務めるなど、イランの社会人類学分野において多大な功績を残し、イランでは「科学的人類学の父」とよばれている。

現在までに20点の著書と２００篇を超える論文を物しているが、「イランの何を知っているか？」シリーズの中でも、本訳書の原著『ガーリーシューヤーン』(no.5)以外に『ゲュシム島』(no.2)、『ノウルーズ』(no.7)、『ナフル巡行』(no.18)、『イランの部族社会』(no.31)、『イランの伝統遊戯』(no.73)、『イランのガフヴェハーネとそこに集う人々』(no.116)、『シャベ・ヤルダー』(no.124)など、自らの専門分野を活かした興味深い諸著作を発表しており、

※注……２０１０年に出版された『イランとイスラム』（森茂男編、春風社）には、アリー・ボルークバーシー氏による絨毯洗い儀礼に関する論考「聖なる絨毯を象徴的に洗う儀礼」（竹原新訳）が収録されている。この論考の趣旨は、今回の翻訳書と基本的に同じであり、内容的に重なる部分もあるが、分量的には6分の1程度のものであり、また論述の順番も大きく入れ替わっているところから、今回の翻訳の底本とした原著を、ボルークバーシー氏が自身の判断で要約したものと思われる。

いわば本シリーズの常連執筆者でもある。

さて、ここで、「イランの何を知っているか?・」シリーズについて少し触れておきたい。

2000年にナーセル・タクミールホマーユーン博士が中心となって立ち上げた本シリーズは、「テヘラン研究」シリーズや「テヘラン史集成」シリーズなど、テヘラン関係の出版を得意とする文化研究所(出版社)が打ち出した同社の中心的出版企画である。開始以来既に20年が経っているが、この間に着実に出版点数を増やし、2020年現在で145点(直近の出版は『チャハールシャンベ・スーリー』)に達している。

筆者は2008年1月9日にテヘランのイランシャフル通りにある「文化研究所」にタクミールホマーユーン氏を訪ね、簡単なインタヴューを行ったが、その際に、まず最初に尋ねたのは、「イランの何を知っているか?・」シリーズの着想についてであった。彼の返答は予想通りであり、彼がフランスに留学していた時に、着目するに至った「クセジュ文庫(Que sais-je、私は何を知っているか?・)」であった。フランスのクセジュ文庫は古典的教養から最先端のテーマまで、現代に生きる人々が必要とする幅広い知識を提供することに主眼が据えられていると思われるが、タクミールホマーユーン氏が立ち上げたシリーズの特徴は、それに捻りをひとつ加えたこと、つまり、対象をイランに限定したことであった。分野は、豊富な内容を誇るペルシア語古典文学から、地理・歴史・社会・経済・文化・芸術・宗教・民俗・工芸など多岐に亙っている。テーマの選定には、氏自らが携わる事もあり、また執筆者自身による持ち込みの場合もあるという。当然のことながら、各テーマの執筆は、それらを専門とする執筆者が担当してはいるが、その最大の特徴は、ほとんどのテーマについて言える事であるが、テーマに何らかのかかわりをもつ者による執筆という基本方針が貫かれてている事であろう。例えば、『ナハーヴァンド』（イラン西部のハメダーン州の街で、642年にアラブ系ムスリム軍とサーサーン朝軍が闘い、前者が勝利を収めたことで、サーサーン朝の崩壊が決定的となった）の執筆者ホセイン・ザッリーニーは、シーラーズ大学の歴史学博士号をもつイスラーム期の研究者であるが、生まれはナハーヴァンド、『イランのトルキャマーン人』の筆者ムーサー・ジョルジャーニーは、ゴレスターン州アクゴラー近傍の小村生まれで、トルキャマーン人の歴史・文化・芸術に関する地域研究者、『イランのナーンとナーンヴァーイー（パン焼き屋）』の執筆者モスタファー・ペゼシュキーは研究団体「マシュハド・ナーン集団」を立ち上げた人物、『ジョルファー』（エスファハーンのアルメニア人地区）の筆者アンドラニク・ホヴィアンは、テヘラン生まれではあるが、紛れもないアルメニア系イラン人、といった具合である。創刊から20年がたった現在、点数はまだ145点ほどであるが、徐々に、イラン人が考える「イラン」の外貌がそれなりに浮かび上がってきている。この先、さらに点数が増えてゆけば、自ずとよりクリアな「イラン」像が焦点を結ぶことになるだろうことは容易に想像できる。

ここで、「イランの何を知っているか?」シリーズ立ち上げの立役者ナーセル・タクミールホマーユーン博士の個人史についても少し触れておきたい。彼は、1936年ガズヴィーン生まれの社会学者にして歴史家であり、齢80歳を超えた現在も、イランの「人文学・文化研究所」に所属し、精力的に研究を続けている。彼は1954年から1958年までテヘラン大学で哲学と教育学（学士）、そして社会学（修士）を学んだあと、

1972年から1977年まではパリ大学の博士課程に留学し、社会学で博士号を取得している。

テヘラン大学を卒業してからパリ大学に留学するまで10年と少しの隔たりがあるのは、この間に彼は政治活動に専念していたためであろうと推測される。因みに、1960年には国民戦線青年部のメンバーとなっている。ほぼ同時期と思われるが、イラン国民党（Hezb-e Mellī-ye Īrān）の党員として政治活動に足を踏み入れ、同党党首のダリウーシュ・フォルーハルの盟友と目された。イスラーム革命（1979年）後は、第一期イスラーム議会議員選挙に、故郷のガズヴィーンよりイラン国民党の候補として立候補するも落選を経験した。

1981年6月、イスラーム議会の弾劾決議を受けて免職となった直後のイスラーム共和国初代大統領バニーサドルをタクミールホマーユーン氏が自宅に匿ったとして逮捕・拘禁される。彼自身の釈明としては、バニーサドルを匿う手助けはしたが、彼が自分の家に居たことはないとして否定した。しかし、バニーサドルが国外に逃亡すると、革命裁判所から一旦は死刑の判決が下される。その後終身刑に減刑された。ところが

2年後には恩赦の対象となり、10年の懲役刑に減刑となり、さらにその2年後には懲役残余期間を免除され、1985年には釈放されるに至った。

その後のタクミールホマーユーン氏は専ら学術・研究活動に携わり、現在までにイラン史やテヘラン史関係を中心として多数の著書を世に問うている。勿論、「イランの何を知っているか?」シリーズでも自ら筆を執って、本シリーズの第一作目となる『イラン・ザミーン――文化的・歴史的境域』(no.1, 2000年刊)を初めとして、『アーバスクーン――アシュルアダ島』(no.4, 2000年刊)、『マーザンダラーンの海』(no.6, 2000年刊)、『ペルシア湾』(no.10, 2001年刊)、『現代イランの国境』(no.13, 2001年刊)、『サーマーン朝――イラン・イスラームの文化的開花期』(no.15, 2001年刊)、『イラン小史』(no.25, 2002年)、『ナーデルシャー・アフシャール』(no.27, 2002年刊)、『テヘラン』(no.45, 2003年刊)、『ハーラズム』(no.50, 2004年刊)、『ジュンディーシャープール大学』(no.60, 2005年刊)『イランにおける教育』(no.70, 2006年刊)、『ソルターニーエ』(no.80, 2008年)、『絹の道』(no.90, 2010年刊)、『イランにおけるマクタブハーネ』(no.140, 2018年刊)など全部で15点もの執筆を精力的に続けてきている(2020年現在)。

次に、本シリーズ「あいねイラン」についても少し触れておくべきであろう。

「あいねイラン」の「あいね」とは、ペルシア語で鏡を意味するアーイーネ（或いはアーイェネ）のひらがな表記である。さらに言えば、「あ、いいいね」という日本語のもじりでもある。このタイトルが示す通り、「あるがままのイランを映し出す」こと、つまり、等身大のイラン――視点を変えればそれは、イラン人が考えるイランということでもあるが――を、様々な視点、あらゆる次元から日本の読者に紹介することを基本的な狙いとしている。

わが国には、四鏡（『大鏡』、『今鏡』、『水鏡』、『増鏡』）や『吾妻鏡』、『後鏡』などの歴史物語（歴史書）に代表される「鏡もの」の伝統があるが、イランにおいても、鏡（アーイーネ）という言葉は、わが国とは違って、文学における明確なジャンルとして認識されているとまではいえないまでも（『ペルシア語文学辞典』〔モハンマドレザー・ジャアファリー監修、モイーン出版、1387年初版〕にも、特にそのような立項は見当たらない）、文学的表現としては古くから用いられてきているし、現在でも折に触れて、「鏡(āʾīne)」という言葉が耳目に飛び込んでくる。例えば、筆者が東京外国語大学で教えていた頃の同僚(客員教授)であったイラン人のザフラー・ターヘリー先生は現在オーストラリア国立大学でペルシア語を教えておられるが、彼女が中心となって開催されるイランの詩と音楽を巡る国際会議(2020年11月27日開催予定)の案内が最近届いた。広く報告者を募ると同時に、参加を促す案内状に記されていたこの会議の統一テーマは「イランの鏡 Mirrors of Iran」である。

また、参考までに、少し古くなるが、ハーンバーバー・モシャールが編纂した『ペルシア語刊本総目録』(全五巻、1972年刊)を繙いてみると、書名にアーイーネと銘打った単行本は全部で44点が収録されている。内容はまちまちで、道徳書もあれば、歴史書・詩集・伝記なども ある。これらの中で特に目を引くものとしては、イランの歴史を現在に繋がるような学問的方法で考察した最初のイラン人研究者といわれるミールザー・アーガー・ケルマーニー(1854~1896年)が死の数年前に著した歴史書(未完)『Āʾīne-ye Sekandarī(セキャンダルの鏡)』(全2巻で、刊行は立憲革命期のヘジュラ太陰暦1324~26年/1906~09年で、立憲主義を唱道した新聞として名高い『スーレ・エスラーフィール』紙の編集人ジャハーンギール・ハーンの校訂）や、13～14世紀にかけて活躍したインドの詩人アミール・ホスロウ・デフラヴィーが12～13世紀の詩人ネザーミー・ギャンジャヴィーの有名な詩集『ハムセ（五部作）』の向こうを張って編んだ『Āʾīne-ye Eskandarī（エスキャンダルの鏡）』（ヘジュラ太陰暦1326年／1908～09年にムンバイ〈当時のボンベイ〉で、石板刷りで刊行）などを挙げることができる。

最後に、「あいねイラン」シリーズが日の目を見ることとなるにあたって、その主たる原動力となっただけでなく、大きな支えともなった「ペルシア語勉強会」についても簡単に紹介しておきたい。

そもそもの事の起こりは、今から30年ほど前に遡る。正確には1994年も終わりに近づいた11月末、東外大の卒業生やら市井でペルシア語を勉強している方など数名が大学の筆者の研究室を訪ねてこられ、ペルシア語の勉強を続け、スキルアップを図れる場を設けて貰いたいとの要望を伝えてきた。私もこれに賛同し、ペルシア語勉強会の第一回目が開催されたのは、同年の12月9日であった。それ以来、私が在外研究に出かけていた２０００年10月から２００１年９月までと、定年退職後、3年弱イランのイスラーム自由大学で教鞭を執っていた２０１６年から２０１８年の秋までを除き、年に20回平均のペースでこれまで続けてきた勉強会は、２０２０年の９月５日の開催をもって300回目を迎えた。

この間、勉強会には多くの方々が参加され、教室とはひと味違い、忌憚のない意見を皆さんが述べられていたことは記憶に新しい。勉強会の中心メンバーは東京外国語大学、東京大学、慶応大学、聖心女子大学、武蔵野美術大学などの卒業生や現役の学生であったが、時には、イランからの留学生なども顔を出してくれて、我々に貴重な助言を与えてくれた。勉強会自体は、ペルシア語の文献を読み解く作業を中心に進められ、テキストも分野を限定せず、できるだけ幅広いテーマを念頭に置いて選定を行った。因みに、最初に取り上げたのは、ジャアファル・シャフリー著『テヘラン社会史』全6巻の内の一冊、次いでマフムード・エェテマードッザーデ（べフ・アーズィーン）著『イランの絨緞』、そしてアシュラフ・デフガーニー著『抵抗の詩』などであり、他にも、エスファハーンの地誌やイラン人の日本滞在記などもあった。これらは、とにかく、「ペルシア語勉強会」という集まりの名称そのままに、いろいろな分野の様々な種類のペルシア語に接するという基本的目標に沿って、しかも参加者の意向を汲みながら取り上げられた結果であった。

筆者は2015年の3月末日をもって、東京外国語大学の定年を迎えたが、これを機に、勉強会のスタイルにも少し変化を与えようと思い始め、漫然と読み飛ばすだけではなく、その結果（成果）を何らかの具体的な形にしたいと考えるに至った。しかし、その後、私自身がイランで教鞭を執ることになったため、勉強会も私が日本に一時帰国をしている間だけとなり、途切れ途切れの開催を強いられた。それでも、私が日本に戻った2018年の秋頃からは、再びコンスタントな開催が可能となった。幸運にも、包（PAO）より勉強会の成果を出版対象として考えたい旨の連絡を受けたのは、ほぼその頃の事であったと記憶している（2019年3月9日には出版に向けての第一回目の具体的な話し合いが行われた）。

今回、出版の運びとなった本多由美子氏訳の『ガーリーシューヤーン』を勉強会で読み始めたのは、記録によれば、2015年の5月1日開催の「ペルシア語勉強会」からであった。ということは、出版に至るまでに約5年の歳月を要しているわけである。当初は具体的な出版の当てがあったわけでは必ずしもなく、勉強会自体も、2~3週間に一度くらいのペースであり、しかも一回に複数のテキストを同時並行的に読み進めるという離れ業をやりながら、一方ではノルマをこなすというような焦りはまったくなく、のんびり和気あいあいとした雰囲気の中で、場を楽しんでいたことも、これだけの時間がかかった理由かもしれない。

そういう意味でも、今回、自分たちの勉強の成果が晴れて世に問われるということには、勉強会のメンバーひとりひとりにとって感慨もひとしおであることはいうまでもない。

学校の授業とは違い、参加者はみなそれぞれの自由意思で集いきたっていることもあり、勉強会の雰囲気は常に開放的かつ積極的な雰囲気が漲っていた。本多由美子氏が用意した下訳について、一言一句疎かにせず、疑問に感じた訳文、違和感をもった日本語表現などについて参加者ひとりひとりが言いたいことを言うという雰囲気は終始貫かれたと思う。そうしてでき上がったのが、今回の訳書である。限られた時間の中で完成度の高い下訳を作成してくれた本多由美子氏はもとより、親身になって協力態勢を組んでくれた「ペルシア語勉強会」のメンバー各位に対しては、おおいにその労を多としたい。

加うるに、この場を借りて、我々の拙い翻訳作業が出版という具体的な形をとることを可能にしてくれた株式会社 包 の代表取締役（PAO出版の責任者でもある）安仲卓二氏、翻訳書の出版という、通常の書き下ろし作品とはまた違った煩雑な編集作業を責任編集者として黙々とこなしてくれた株式会社 包 出版担当の嶋岡尚子氏（2015年7月より「ペルシア語勉強会」に参加）および編集協力者の相馬さやか氏（2017年7月より「ペルシア語勉強会」に参加）、そして、様々な要望に対して情熱を傾けて応えつつ、通り一遍の書籍装丁とはひと味違う印象深いデザインに仕上げてくれた萩原誠氏に、改めて深甚なる感謝の意を表したい。

2020年9月末日、記す

ペルシア語勉強会代表

八尾師　誠

参考文献一覧

＊本文で言及されている文献のみ著者のカナ表記、書籍等の日本語表記を記載しています。原著にある文献一覧はこのあとに示しています。

アナーセリー、ジャーベル　「イランにおける雨乞いの慣習と水の不可侵」『古代イラン文化』
عناصری، جابر: *آئین طلب باران و حرمت آب در ایران، فرهنگ ایران باستان*

アルバーブ、モハンマドタギー・ベイク　『信仰の府ゴムの歴史』
ارباب، محمد تقی بیک: *تاریخ دارالایمان قم*

アーレアフマド、ジャラール　「マシュハデ・アルダハールのメフルガーン」『思想と芸術』
آل احمد، جلال: *مهرگان در مشهد اردهال، اندیشه و هنر*

エスタフリー、アブー・エスハーグ・エブラーヒーム　『諸道と諸国の書』
اصطخری، ابو اسحاق ابراهیم: *مسالک و ممالک*

エナーヤト、ハミード　『現代イスラームにおける政治思想』
عنایت، حمید: *اندیشهٔ سیاسی در اسلام معاصر*

エブネ・アスィール、エッゾッディーン・アリー　『完史』
ابن اثیر، عزالدین علی: *کامل- تاریخ بزرگ اسلام*

エブネ・テグタギー、モハンマド・エブネ・アリー・タバータバー　『ファフリーの歴史』
ابن طقطقی، محمد بن علی طباطبا: *تاریخ فخری*

エブネ・バルヒー　『ファールスの書』
ابن بلخی: *فارسنامه*

エマーディー、アブドッラフマーン　「フーゼスターンの地名の起源研究」『諸王たちのくに』
عمادی، عبدالرحمان: *ریشه‌شناسی برخی نامهای جغرافیایی خوزستان، دیار شهریاران*

エマーマト・カーシャーニー、ミール・セイエド・アズィーゾッラー　『ソルターン・アリー伝』
امامت کاشانی، میر سید عزیزالله: *تذکر سلطانعلی*

ガズヴィーニー・ラーズィー、アブドルジャリール　『反駁の書』
قزوینی رازی، عبدالجلیل: *نقض*

キャティーラーイー、マフムード　『ヘシュトからヘシュトまで』
کتیرایی، محمود: *از خشت تا خشت*

キャラーンタル・ザッラービー、アブドッラヒーム　『カーシャーンの歴史』
کلانتر ضرابی، عبدالرحیم: *تاریخ کاشان*

ゴミー、ハサン・エブネ・モハンマド　『ゴムの歴史』
قمی، حسن بن محمد: *تاریخ قم*

シャリーフ、アリー　『カーシャーン県の歴史的遺産及び建造物案内』
شریف، علی: *راهنمای آثار و بناهای تاریخی شهرستان کاشان*

タバリー、モハンマド・エブネ・ジャリール　『タバリー歴史』
طبری، محمد بن جریر: *تاریخ طبری*

ディーナヴァリー、アブー・ハニーフェ・アフマド・エブネ・ダーヴード　『長史』
دینوری، ابوحنیفه احمد بن داود: *اخبار الطوال*

ナラーギー、ハサン　『カーシャーン県とナタンズ県の歴史的遺産』
نراقی، حسن: *آثار تاریخی کاشان و نطنز*

ナラーギー、ハサン　『カーシャーン社会史』
نراقی، حسن: *تاریخ اجتماعی کاشان*

ナルシャヒー、アブーバクル・モハンマド・エブネ・ジャアファル　『ボハーラー史』
نرشخی، ابوبکر محمد بن جعفر: *تاریخ بخارا*

バースターニー・パーリーズィー、エブラーヒーム
「アーシューラーの聖なる御首の行方」『ハートゥーネ・ハフト・ガルエ』
باستانی پاریزی، ابراهیم: سرنوشت سرهای مطهر عاشورا، *خاتون هفت قلعه*

バシュギョズ、エイハーン　「イランにおける雨乞いと雨降らしの儀礼」『ケターベ・ジョムエ』
باشگوز، ایهان: مراسم تمنای باران و بارانسازی در ایران، *کتاب جمعه*

ハッバーズ・カーシャーニー、ハビーボッラー　『散りゆく華』
خباز کاشانی، حبیب‌الله: *خزان گل*

ハムドッラー・モストウフィー　『選史』
حمدالله مستوفی: *تاریخ گزیده*

パーヤンデ、マフムード　『ギール及びデイラム地方の慣習と信仰』
پاینده، محمود: *آئینها و باورداشتهای گیل و دیلم*

バルアミー、アブー・アリー・モハンマド(a)『タバリー歴史翻訳』
بلعمی، ابو علی محمد: *(الف) ترجمهٔ تاریخ طبری*

バルアミー、アブー・アリー・モハンマド(b)
『殉教者たちの長ホセイン・エブネ・アリーの蜂起とモフタールの血の復讐』
بلعمی، ابو علی محمد: *(ب) قیام سیدالشهداء حسین بن علی(ع) و خونخواهی مختار*

フェイズ、アッバース　『輝ける星々』
فیض، عباس: *انجم فروزان*

フェイズ、アッバース　『ゴムの遺宝』
فیض، عباس: *گنجینهٔ آثار قم*

フルムキン、グレゴワール　『中央アジアの考古学』
فرامکین، گرگوار: *باستان‌شناسی در آسیای مرکزی*

ベイザーイー、バフラーム　『イランの演劇』
بیضایی، بهرام: *نمایش در ایران*

ヘダーヤト、サーデグ　「民謡集」『作品集』
هدایت، صادق: *ترانه‌های عامیانه، نوشته‌های پراکنده*

ボルークバーシー、アリー　「イランのキャヴィール塩漠周縁における殉教伝承」『エグバール記念論文集』
بلوکباشی، علی: حدیث شهادت در حاشیهٔ کویر ایران، *نامهٔ اقبال*

ボルハーン、モハンマドホセイン・エブネ・ハラフ・タブリーズィー　『ボルハーネ・ガーテ辞典』
برهان، محمدحسین بن خلف تبریزی: *برهان قاطع*

マランディー、シェイフ・モハンマドバーゲル　『明るい光』
مرندی، شیخ محمد باقر: *نور باهر*

メスクーブ、シャーロフ(a)『スィヤーヴァシュの哀悼儀礼』
مسکوب، شاهرخ: *(الف) سوگ سیاوش*

メスクーブ、シャーロフb「スィヤーヴァシュの哀悼儀礼考察」『文化と生活』
مسکوب، شاهرخ: *(ب) نقدی بر نقد سوگ سیاوش، فرهنگ و زندگی*

モタッハリー、モルテザー　『イスラームの世界観に関する一考察』
مطهری، مرتضی: *نقدی بر جهان‌بینی اسلام*

ヤールシャーテル、エフサーン
「イスラーム以前のイランにおけるタアズィーエ劇と服喪儀礼」『タアズィーエ：イランにおける先駆的固有芸術』
یارشاطر، احسان: تعزیه و آئین‌های سوگواری در ایران قبل از اسلام، *تعزیه. هنر بومی پیشرو ایران*

ラーヴァンディー、ズィヤーオッディーン・アボルレザー・ファズロッラー　『ラーヴァンディー詩集』
راوندی، ضیاءالدین ابوالرضا فضلالله: *دیوان راوندی*

＊写真出典：ホセイニー、セイエド・モハンマド『ヒーゼシェ・ガーリーシュールーン』第2版、エラーへ・タキーイェ、2018年
حسینی، سیدمحمد. *خیزش قالی شورون*. کاشان: الهه تقیه، چ۲/ ۱۳۹۶

کتابنامه

آل‌احمد، جلال. «مهرگان در مشهد اردهال». **اندیشه و هنر**. دورهٔ ۵، شمارهٔ ۶، اردیبهشت ۱۳۴۴.

ابن‌اثیر، عزالدین علی. **کامل: تاریخ بزرگ اسلام و ایران**. ترجمهٔ عباس خلیلی، به کوشش حسن سادات‌ناصری، تهران: مطبوعات علمی، بی‌تاریخ انتشار.

ابن‌بلخی. **فارسنامه**. به کوشش سید جلال‌الدین طهرانی، تهران: ۱۳۱۳.

ابن‌طقطقی، محمدبن علی طباطبا. **تاریخ فخری: در آداب ملکداری و دولتهای اسلامی**. ترجمهٔ محمدوحید گلپایگانی، تهران: بنگاه ترجمه و نشر کتاب، چ ۲ / ۱۳۶۰.

ارباب، محمدتقی‌بیک. **تاریخ دارالایمان قم**. به کوشش مدرسی‌طباطبایی، قم: ۱۳۵۳.

اصطخری، ابواسحق‌ابراهیم. **مسالک و ممالک**. به کوشش ایرج افشار، تهران: انتشارات علمی و فرهنگی، چ ۳ / ۱۳۶۸.

امامت‌کاشانی، میرسیدعزیزالله. **تذکرهٔ سلطانعلی‌بن امام محمدباقر و محمد هلال‌بن علی علیهاالسلام**. تهران: ۱۳۸۴ ق.

باستانی‌پاریزی، ابراهیم. «سرنوشت سرهای مطهر عاشورا». **خاتون هفت قلعه**. تهران: دهخدا، ۱۳۴۴.

باشگوز، ایهان. «مراسم تمنای باران و باران‌سازی در ایران». ترجمهٔ محمدحسین باجلان‌فرخی، **کتاب جمعه**. شمارهٔ ۱۸، آذر ۱۳۵۸.

برهان، محمدحسین‌بن خلف‌تبریزی. **برهان قاطع**. به کوشش دکترمحمدمعین، تهران: امیرکبیر، چ ۴ / ۱۳۶۱.

بلعمی (الف)، ابوعلی‌محمد. **ترجمهٔ تاریخ طبری**. عکس نسخهٔ خطی، تهران: بنیاد فرهنگ ایران، ۱۳۴۴.

بلعمی (ب)، ابوعلی‌محمد. **قیام سیدالشهداء حسین‌بن‌علی(ع) و خونخواهی مختار. به روایت طبری**، تصحیح محمدسرور مولایی، تهران: بنیاد فرهنگ ایران، ۱۳۵۹.

بلوکباشی، علی. «قالی‌شویان». **هنر و مردم**. شمارهٔ ۱۹، اردیبهشت ۱۳۴۳.

بلوکباشی، علی. «حدیث شهادت در حاشیهٔ کویر ایران». **نامهٔ اقبال**. به کوشش سیدعلی آل داود، تهران: هیرمند، ۱۳۷۷.

بیضایی، بهرام. **نمایش در ایران**. تهران: ۱۳۴۴.

پاینده، محمود. **آئینها و باورداشتهای گیل و دیلم**. تهران: بنیاد فرهنگ ایران، ۱۳۵۵.

حمدالله مستوفی. **تاریخ گزیده**. به کوشش عبدالحسین نوایی، تهران: امیرکبیر، چ ۲/۱۳۶۲.

خبازکاشانی، حبیب‌الله. **خزان گل: سرگذشت حضرت سلطان‌علی در قریهٔ اردهار کاشان**. قم: حکمت، بی‌تاریخ انتشار.

دینوری، ابوحنیفه‌احمدبن داود. **اخبارالطوال**. ترجمهٔ صادق نشأت، تهران: بنیادفرهنگ‌ایران، ۱۳۴۶.

راوندی، ضیاءالدین‌ابی‌الرضافضل‌الله. **دیوان راوندی**. تصحیح سیدجلال‌الدین ارموی (محدّث)، تهران: چ ۱ / ۱۳۳۴.

سازمان برنامه و بودجهٔ استان مرکزی. **آمارنامهٔ استان مرکزی ۱۳۷۵**. آذر ۱۳۷۶.

شریف، علی. **راهنمای آثار بناهای تاریخی شهرستان کاشان**. کاشان: ادارهٔ فرهنگ و هنر شهرستان کاشان، بی‌تاریخ انتشار.

طبری، محمدبن جریر. **تاریخ طبری**. ترجمهٔ ابوالقاسم پاینده، تهران: بنیاد فرهنگ ایران، ۱۳۵۲.
عمادی، عبدالرحمان. «ریشه‌شناسی برخی نامهای جغرافیایی خوزستان». **دیار شهریاران**. نوشتهٔ احمد اقتداری، تهران: انجمن آثار ملی، ۱۳۵۴.
عناصری، جابر. «آئین طلب باران و حرمت آب در ایران». **فرهنگ ایران باستان**. سال ۷، شمارهٔ ۱، فروردین ۱۳۴۸.
عنایت، حمید. **اندیشهٔ سیاسی در اسلام معاصر**. ترجمهٔ بهاءالدین خرّمشاهی، تهران: خوارزمی، ۱۳۶۲.
فرامکین، گرگوار. **باستان‌شناسی در آسیای مرکزی**. ترجمهٔ صادق‌ملک شهمیرزادی، تهران: انتشارات وزارت امور خارجه، ۱۳۷۲.
فره‌وشی، بهرام. **فرهنگ پهلوی**. تهران: بنیاد فرهنگ ایران، ۱۳۴۶.
فیض، عباس. **انجم‌فروزان: درحالات جناب فاطمهٔ‌معصومه و سایرامامزادگان قم**. قم: ۱۳۲۲.
فیض، عباس. **گنجینهٔ آثار قم: قم و مشاهد**. قم: ۱۳۵۰.
قزوینی‌رازی، عبدالجلیل. **نقض: بعض مثالب‌النواصب فی‌نقض**. تصحیح سیدجلال‌الدین ارموی (محدّث)، تهران: انجمن آثار ملی، ۱۳۵۸.
قمی، حسن‌بن‌محمد. **تاریخ قم**. ترجمهٔ حسن‌بن‌علی عبدالملک قمی. به کوشش سیدجلال‌الدین طهرانی، تهران: ۱۳۱۳.
کتیرایی، محمود. **از خشت تا خشت**. تهران: مؤسسهٔ مطالعات و تحقیقات اجتماعی، ۱۳۴۸.
کلانتر ضرابی، عبدالرحیم. **تاریخ کاشان**. به کوشش ایرج افشار، تهران: امیرکبیر، ۱۳۵۶.
مرکز آمار. **سرشماری‌عمومی‌نفوس ومسکن، مهر ۱۳۵۶**. فرهنگ آبادی‌های‌کشور، شهرستان دلیجان، آذر ۱۳۶۷.
مرندی، شیخ محمدباقر. **نور باهر: در ترجمهٔ حضرت علی‌بن‌امام‌محمدباقر(ع)**. قم: ۱۳۸۱ق.
مسکوب (الف)، شاهرخ. **سوگ سیاوش: در مرگ و رستاخیز**. تهران: خوارزمی، چ ۵ / ۱۳۵۷.
مسکوب (ب)، شاهرخ. «نقدی بر نقد سوگ سیاوش». **فرهنگ و زندگی**، شمارهٔ ۱۰، زمستان ۱۳۵۱.
مشیری، ابوالقاسم. **کارنامهٔ پنج‌سالهٔ هیأت‌امنای آستانهٔ‌مقدسهٔ حضرت‌سلطان‌علی‌بن‌امام‌محمد باقر (ع): تاریخچهٔ‌مختصری‌ازمراسم قالی‌شویان درمشهداردهال‌کاشان**. تهران: سازمان‌اوقاف، ۱۳۵۰.
مطهری، مرتضی. **نقدی بر جهان‌بینی اسلام**. تهران: انتشارات اسلامی، بی‌تاریخ انتشار.
نراقی، حسن. **آثار تاریخی کاشان و نطنز**. تهران: انجمن آثار ملی، ۱۳۴۸.
نراقی، حسن. **تاریخ اجتماعی کاشان**. تهران: مؤسسهٔ مطالعات و تحقیقات اجتماعی، ۱۳۴۵.
نرشخی، ابوبکر محمدبن‌جعفر. **تاریخ بخارا**. ترجمهٔ ابونصر احمدبن‌نصرقباوی. تلخیص محمدبن‌زفربن عمر، تصحیح مدرس رضوی، تهران: توس، چ ۲ / ۱۳۶۳.
هدایت، صادق. «ترانه‌های عامیانه». **نوشته‌های پراکنده**. به کوشش حسن قائمیان، تهران: امیرکبیر، ۱۳۳۴.
یارشاطر، احسان. «تعزیه و آئین‌های سوکواری در *ایران قبل از اسلام*». **تعزیه، هنر بومی پیشرو ایران**. گردآوردهٔ پیتر چلکوسکی، ترجمهٔ داوود حاتمی، تهران: انتشارات علمی و فرهنگی، ۱۳۶۷.

索引

■ カ　行 ■

本書掲載写真・図

※原著に掲載されているものから（1960年、1976年、1985年撮影。撮影者は不明）

……………018・036下・061上・061下左・061下右・079上・079下・081上左・081上右・081中・081下左・081下右・083上・083中・083下・091上・091下・093上・093下・095・098上・098下・099上・099下・113・133

※『ヒーゼシェ・ガーリーシュールーン』（2018年）口絵より

……………076・133・163・173上

※編集部で独自に用意

……………022・023・045・155

※訳者撮影（2020年2月撮影）

……………009・036上・036中・047下・048左・048右・049左・050右・051左・051右・054右・058下・059下・088右・173下

※相馬さやか撮影（2020年2月撮影）

……………047上・049右・050左・054左・055左・055右・058上・059上・068・069・088左・089左・089右・104・135

※八尾師誠撮影（2017年10月撮影）

……………077

「あいねイラン」刊行によせて

天平8年（736年）に李密翳《りみつえい》という波斯（ペルシア）人が、遣唐使中臣名代に連れられて聖武天皇に謁見したと、続日本紀に記されている。新興アラブ・イスラーム勢に敗れた波斯サーサーン朝の王＝ヤズデギルド（ヤズドゲルド）3世は内陸のメルヴ（マルヴ）まで逃れて651年に没す。サーサーン朝帝国の終焉である。残された息子のペーローズ（636年生）は唐に庇護を求め、長安の都にサーサーン朝亡命宮廷を形成する（670年代）。7～8世紀の長安の都は西方交易の文物のみならず、サーサーン朝波斯の担い手そのものが闊歩していた。聖武天皇に謁見したと続紀に見えた李密翳は、長安の亡命サーサーン朝クラスターから送り出された、波斯文明存続を照らす鏡であったのだろう。過去の日本人はその反射光から多大な影響を受けている。

唐（中国）や波斯（イラン）や天竺（インド）やそれらに連なる一帯蒼

氓を、平明に写し出していた遥か飛鳥と平城という世界の鏡は、いまや何処に往ったのか。もはや日本人はイランの光が明るいのかさえも知らない。そして中国を経てイランにかけての一帯の提起が、日本にどれだけの意義があるのかさえも興味がない。このシリーズ「あいねイラン」のひらがなはペルシア語の鏡を表記したという。原題は「イランの何を知っているか?」である。シリーズの多元な展開は「イランの鏡像」を多角的に写し描いている。これらの反射と集合の深みがイラン人の知性的な自画像なのだろう。

日本からの平明清真な眼差しが「中国を伴いイランに至る一帯」を理解して、自らが「格子紋様の織物」となって綴れる時、「脱亜入欧」ではない新しい日本が可能となる。

2020年11月　株式会社包代表取締役　安仲卓二

著　者

علی بلوکباشی　Ali Bulookbāshi　アリー・ボルークバーシー

1936年テヘラン生まれ。オクスフォード大学で博士号を取得（社会人類学）。現在、イラン・アカデミー人類学グループ学術委員会メンバー。イランの「科学的人類学の父」とよばれる。「イランの何を知っているか？」＝「あいねイラン」シリーズでは、『ガーリーシューヤーン』『ノウルーズ』『ナフル巡行』『イランのガフヴェハーネとそこに集う人々』などを執筆。

訳　者

本多由美子　ほんだ・ゆみこ

神奈川県出身。ペルシア語通訳。東京外国語大学ペルシア語学科卒業後、銀行勤務を経て、ペルシア語通訳としてペルシア語、イラン人、イランと身近に接しながら、イラン文化研究を志す。

あいねイラン①

『ガーリーシューヤーン』

マシュハデ・アルダハールにおける象徴的絨毯洗いの祭礼

発行日……………２０２０年11月26日　初版第1刷発行

発行者……………安仲卓二

発行所……………株式会社 包

〒１６４−０００３　東京都中野区東中野２−２５−６

電話　０３−３３６１−２２１８

URL http:// www.paoco.jp

装幀・構成………萩原 誠

編　集……………包 編集室

編集協力…………八尾師勉強会

相馬さやか

印刷製本…………株式会社 光邦

Printed in Japan

ISBN　978-4-906869-02-2